从英雄到人文

必知外国文学家1

《中国大百科全书》青少年拓展阅读版编委会　编

中国大百科全书出版社

图书在版编目（CIP）数据

从英雄到人文·必知外国文学家：1 /《中国大百科全书》青少年拓展阅读版编委会编 . —北京：中国大百科全书出版社，2019.9

（中国大百科全书：青少年拓展阅读版）

ISBN 978-7-5202-0599-3

Ⅰ. ①从… Ⅱ. ①中… Ⅲ. ①文学家—生平事迹—外国—青少年读物 Ⅳ. ① K815.6-49

中国版本图书馆 CIP 数据核字（2019）第 208808 号

出 版 人	刘国辉
策划编辑	李默耘　程　园
责任编辑	程　园
封面设计	WONDERLAND Book design 仙境 QQ:344581934
责任印制	李　鹏
出版发行	中国大百科全书出版社
地　　址	北京阜成门北大街 17 号
邮　　编	100037
网　　址	http://www.ecph.com.cn
电　　话	010-88390739
印　　刷	蠡县天德印务有限公司
开　　本	710 毫米 ×1000 毫米　1/16
字　　数	117 千字
印　　张	9
版　　次	2019 年 9 月第 1 版
印　　次	2020 年 1 月第 1 次印刷
定　　价	36.00 元

序

百科全书（encyclopedia）是概要介绍人类一切门类知识或某一门类知识的工具书。现代百科全书的编纂是西方启蒙运动的先声，但百科全书的现代定义实际上源自人类文明的早期发展方式：注重知识的分类归纳和扩展积累。对知识的分类归纳关乎人类如何认识所处身的世界，所谓"辨其品类""命之以名"，正是人类对日月星辰、草木鸟兽等万事万象基于自我理解的创造性认识，人类从而建立起对应于物质世界的意识世界。而对知识的扩展积累，则体现出在社会的不断发展中人类主体对信息广博性的不竭追求，以及现代科学观念对知识更为深入的秩序性建构。这种广博系统的知识体系，是一个国家和一个时代科学文化高度发展的标志。

中国古代类书众多，但现代意义上的百科全书事业开创于1978年，中国大百科全书出版社的成立即肇基于此。百科社在党中央、国务院的高度重视和支持下，于1993年出版了《中国大百科全书》（第一版）（74卷），这是中国第一套按学科分卷的大百科全书，结束了中国没有自己的百科全书的历史；2009年又推出了《中国大百科全书》（第二版）（32卷），这是中国第一部采用汉语拼音为序、与国际惯例接轨的现代综合性百科全书。两版百科全书用时三十年，先后共有三万多名各学科各领域最具代表性的专家学者参与其中。目前，中国大百科全书出版社继续致力于《中国大百科全书》（第三版）这一数字化时代新型百科全书的编纂工作，努力构建基于信息化技术和互联网，进行知识生产、分发和传播的国家大型公共知识服务平台。

从图书纸质媒介到公共知识平台，这一介质与观念的变化折射出知识在当代的流动性、开放性、分享性，而努力为普通人提供整全清晰的知识脉络和日常应用的资料检索之需，正愈加成为传统百科全书走出图书馆、服务不同层级阅读人群的现实要求与自我期待。

《〈中国大百科全书〉青少年拓展阅读版》正是在这样的期待中应运而生的。本套丛书依据《中国大百科全书》（第一版）及《中国大百科全书》（第二版）内容编选，在强调知识内容权威准确的同时力图实现服务的分众化，为青少年拓展阅读提供一套真正的校园版百科全书。丛书首先参照学校教育中的学科划分确定知识领域，然后在各类知识领域中梳理不同知识脉络作为分册依据，使各册的条目更紧密地结合学校

课程与考纲的设置，并侧重编选对于青少年来说更为基础性和实用性的条目。同时，在条目中插入便于理解的图片资料，增加阅读的丰富性与趣味性；封面装帧也尽量避免传统百科全书"高大上"的严肃面孔，设计更为青少年所喜爱的阅读风格，为百科知识向未来新人的分享与传递创造更多的条件。

百科全书是蔚为壮观、意义深远的国家知识工程，其不仅要体现当代中国学术积累的厚度与知识创新的前沿，更要做好为未来中国培育人才、启迪智慧、普及科学、传承文化、弘扬精神的工作。《〈中国大百科全书〉青少年拓展阅读版》愿做从百科全书大海中取水育苗的"知识搬运工"，为中国少年睿智卓识的迸发尽心竭力。

本书编委会
2019 年 9 月

目 录

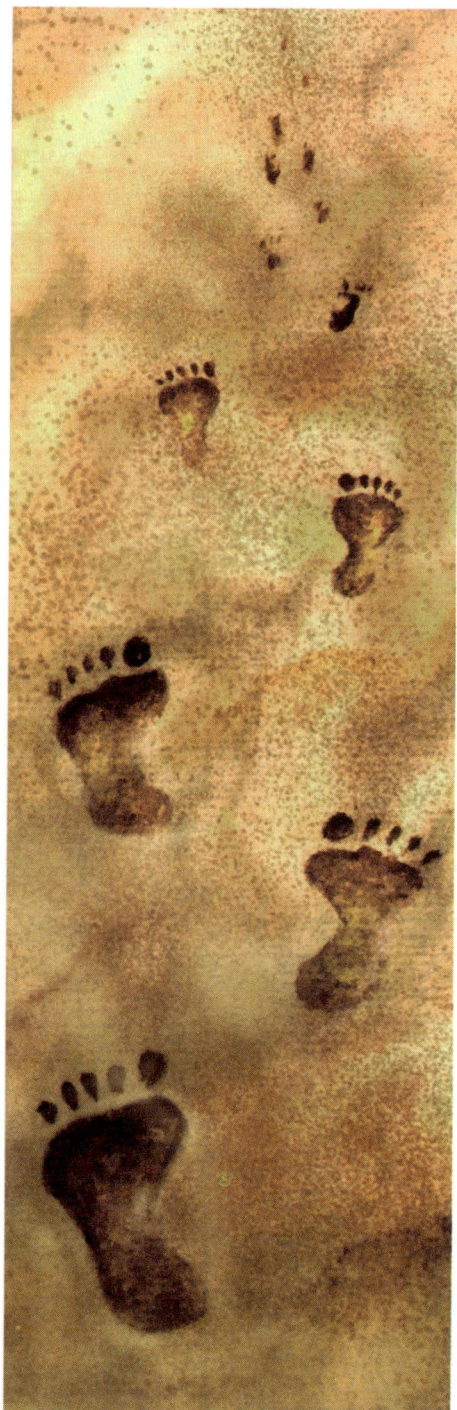

荷马

相传为古代希腊两部史诗《伊利昂纪》（一译《伊利亚特》）和《奥德修纪》（一译《奥德赛》）的作者。古代作家如公元前5世纪的希罗多德，稍晚的修昔底德，前4世纪的柏拉图和亚里士多德等，都肯定这两部史诗是荷马的作品。此外，还有许多已遗失的古代史诗，也曾有人说是他的作品，但那些大概是后人的拟作。有一部已经失传的讽刺诗和一篇现存的《蛙鼠之战》，据说也是荷马所写，但前者只有亚里士多德一个人的话作为根据，后者则已证明为前4世纪的一篇拟作。还有一些献给天神的颂歌，传说也出于荷马之手；实际上是古代吟诵史诗的职业歌手所用的引子，是较晚时代别的诗人写成的。

古代曾有一篇《荷马传》流传下来，那是纪元前后的人根据传说杜撰的，不能当作可靠的史料。最早关于荷马的记载，见于残存的前6世纪克塞诺芬尼的讽刺诗，但是根据希腊地方志家鲍萨尼阿斯的记载，在前7世纪初的诗人卡利诺斯的诗篇里已经有关于荷马的记载，所以荷马这个名字早在前8—前7世纪已经为人所共知。希腊历史家泰奥彭波斯说荷马生于前686年，这年代似乎晚了一点。另一个古代传说是荷马生于前1159年，就是说前12世纪中叶，这个说法似乎又太早了一点。古代可能有过一位名叫荷马的诗人，其年代大概在前10—前9、8世纪。现在西方学者根据史诗的语言和它的内容描写，一般认为他可能生在前9—前8世纪之间。

关于荷马的出生地，说法也不

荷马史诗描写的战争间歇

一致。有十几处地方。有人说他是雅典一带的人，有人说他生于希腊北部，有人说是在希腊东部靠近小亚细亚一带。这些说法以东方说较为普遍，也较为可信。多数古代记载说他是希俄斯岛人，或生在小亚细亚的斯弥尔纳，这两处都在爱琴海东边。

关于荷马这个名字，西方学者们也有过不少考证。有人说这个字是"人质"的意思，就是说荷马大概本是俘虏出身；也有人说这个名字含有"组合在一起"的意思，就是说荷马这个名字是附会出来的，因为史诗原来是许多散篇传说组合而成的。实际上这些都是猜测。古代传说又称荷马是个盲乐师，这倒是颇为可能的。古代的职业歌手往往是盲人，荷马也许就是这样一位专业艺人。

荷马史诗《伊利昂纪》和《奥德修纪》，每部都长达万行以上；《伊利昂纪》共有15 693行，《奥德修纪》共有12 110行，两部都分成24卷。这两部史诗开始时只是根据古代传说吟咏的口头文学，靠着歌手的背诵流传下来的零散篇章，荷马如有其人，大概就是最后把这两部史诗初步定型的职业吟诵诗人。在前6世纪以前，这两部史诗还没有写下来的定本。根据罗马著名散文家西塞罗所说，前6世纪中叶在当时雅典执政者庇士特拉妥的领导下，学者们曾编订过荷马史诗；古代也有其他学者认为这是他的儿子希帕尔科斯执政时的事。而从前5世纪起，每逢雅典四年庆祝一次的重要节日，都有朗诵荷马史诗的文艺节目。从这制度实行之后，史诗的内容和形式应该是基本上固定下来了。只是当时朗诵史诗的艺人，或根据自己的"话本"，或凭记忆，有时在文字上和行数上可能有些变动。在这种情况下，当时史诗的若干抄本在某些地方有些繁简不同是可以理解的。关于荷马究竟有无其人，两部史诗是否都是同一位诗人的作品，近两百年来一直是西方研究荷马史诗的学者们热烈争论的问题。有人认为两部史诗在内容描写上有些不同，好像不是同一时代的人的作品，也有人认为两部史诗文字风格上相同之处大于不同之处。现在多数西方学者认为这两部史诗是荷马的作品，确有荷马其人。

今天所能看到的荷马史诗的旧抄本，最早约成文于10世纪左右。两部史诗都有不少手抄本传世，但是内容都相同，它们所根据的都是前3—前2世纪间亚历山大城的几位学者的校订本。史诗手抄本还有不少残缺不全的片段，其年代有的早到前1世纪，内容也大致相同。这就是说，在前3—前2世纪间亚历山大城几位学者校订之后，史诗已经有了最后定本，此后它的内容便没有什么改动了。那时最后校订荷马史诗的学者，最著名的有三人，一是泽诺多托斯（前285年左右），据说他对原诗的文字做过不少加工，内容上也凭自己的判断有所增减，现在两部史诗都分成24卷，就是泽诺多托斯编定的。这表明他对原诗的结构做过一些重大增删，原来这两部史诗的长短大概没有这样整齐。二是阿里斯托芬（前195年左右），他校订史诗比较慎重，更尊重旧抄本，没有作很多主观的增删。三是阿里斯托芬的弟子阿里斯塔科斯（前160年左右），他也很尊重旧抄本，认为

一切改动都要有所依据。这三位学者都是当时希腊学术中心亚历山大城著名的图书馆的主管人，有机会看到很多藏书，有很好的条件来进行校订工作。由此可见，在他们那个时代，这两部史诗还存在繁简不同的抄本，文字上也有出入。现代西方学者曾辑录了古代著作里的荷马史诗引文，共有480多行片段，都是前5—前4世纪的。这些引文有的与现在定本完全相同，有的大致相同，有的不见于今本。一般来说，不同的约占到一小半。古希腊许多作家，如希波克拉忒斯、埃斯库罗斯、品达罗斯、色诺芬、亚里士多德、阿里斯托芬和柏拉图都引用过荷马史诗，那些引文往往与今本不完全相同。如亚里士多德引了《奥德修纪》卷九的一段关于独目巨人的描写，文字与今本一样，但是他说那段是出自《伊利昂纪》卷十，是描写一只野猪的。还有他说在《奥德修纪》卷二十三奥德修斯对佩涅洛佩的一段话有60行，但是从现在的本子看来，这段话只有33行。这些变动和内容繁简不同，说明在前5—前4世纪通行的史诗

003

抄本同今本还有不少差异。

《伊利昂纪》和《奥德修纪》的故事梗概大致如下：从前，在小亚细亚西部沿海有特洛伊人的一座城市名伊利昂。当时在希腊地方的强大部族的族民总称为阿凯亚人（有时在史诗中也称为阿尔戈斯人或达那亚人），阿凯亚人以迈锡尼王阿伽门农为首。伊利昂城的王子帕里斯乘船到希腊，受到斯巴达王墨涅拉奥斯的款待，但他把墨涅拉奥斯美貌的妻子海伦骗走，带回伊利昂。阿凯亚人非常气愤，便由墨涅拉奥斯的哥哥迈锡尼王阿伽门农倡议，召集各城邦的首领，共同讨伐特洛伊人。他们调集1000多艘船只，渡过爱琴海去攻打伊利昂城，历时9年都没有把这座王都攻下来。到了第10年，阿伽门农和阿凯亚部族中最勇猛的首领阿基琉斯为争夺一个在战争中掳获的女子反目，由于阿伽门农派员从阿基琉斯的营帐里抢走了那个女俘，阿基琉斯愤而退出战斗。《伊利昂纪》的故事就以阿基琉斯的愤怒为开端，集中描述发生在战争第10年的51天里的事情。由于阿凯亚人

失去最勇猛的将领，他们无法战胜特洛伊人，一直退到海岸边，抵挡不住伊利昂城主将赫克托尔（帕里斯的哥哥）的凌厉攻势。阿伽门农请求同阿基琉斯和解，请他参加战斗，但遭到拒绝。阿基琉斯的好友帕特罗克洛斯看到阿凯亚人将要全军覆灭，便借了阿基琉斯的盔甲参加战斗，打退了特洛伊人的进攻，但自己却被赫克托尔所杀。阿基琉斯感到十分悲痛，决心出战，为亡友复仇。他终于杀死赫克托尔，并把其尸首带走。伊利昂的老王（赫克托尔的父亲）普里阿摩斯到阿基琉斯的营帐去赎取赫克托尔的尸首，暂时休战，为他举行盛大的葬礼。《伊利昂纪》这部描述两军围绕伊利昂城战斗的史诗，便在这里结束。

《伊利昂纪》只写到赫克托尔的死为止，可是据《奥德修纪》和古代希腊的其他作品的描写，围绕伊利昂城的战争还继续打了很久。后来阿基琉斯被帕里斯用箭射死，阿凯亚人之中最勇猛的首领埃阿斯和最有智谋的首领奥德修斯争夺阿基琉斯的盔甲，奥德修斯用巧计战

胜了勇力超过他的埃阿斯，使得后者愤而自杀。最后奥德修斯献计造了一只大木马，内藏伏兵，特洛伊人把木马拖进城，结果阿凯亚人里应外合，攻下了伊利昂城，结束了这场经历10年的战争。离开本国很久的阿凯亚首领们纷纷回国，奥德修斯也带着他的伙伴，乘船向他的故乡伊塔克出发。从这里就开始了以奥德修斯在海上的历险为中心的另一部史诗《奥德修纪》的故事。

奥德修斯回乡的旅程很不顺利，在海上又漂泊了10年。史诗采取中途倒叙的方法，先讲天神们在奥德修斯已经在海上漂游了10年之后，决定让他返回故乡伊塔克。这时奥德修斯在家中的儿子忒勒马科斯已经长大成人，出去打听长期失踪的父亲的消息。伊塔克的许多人都认为他10年不归，一定已经死去。当地和附近岛屿上的许多贵族都在追求他的妻子佩涅洛佩，佩涅洛佩设法拒绝他们，同时还在盼望丈夫能生还。奥德修斯在这10年间经历了许多艰难险阻：独目巨人吃掉了他的同伴，神女喀

尔刻用巫术把他的同伴变成猪，又要把他留在海岛上；他又到了环绕大地的瀛海边缘，看到许多过去的鬼魂；躲过女妖塞壬迷惑人的歌声，逃过怪物卡律布狄斯和斯库拉。最后女神卡吕普索在留了奥德修斯好几年之后，同意让他回去。他到了菲埃克斯人的国土，向国王阿尔基诺斯重述了过去9年间的海上历险，阿尔基诺斯派船送他回到了故乡。那些追求他的妻子的人还占据着他的王宫。奥德修斯装作乞丐，进入王宫，设法同儿子一起杀死那伙横暴的贵族，和妻子重新团聚。

古代关于攻打伊利昂城的战争和奥德修斯等英雄们的神话传说还有很多，散见于古代希腊作家的著作里。而这两部史诗只选了伊利昂城战争第10年中的51天，集中叙述了阿基琉斯的愤怒这一段，和奥德修斯在海上漂游了10年之后终于回到故乡这一段，这样处理显然是一位会讲故事的古代诗人精心设计的结果。从这方面来看，古代有一位名叫荷马的天才诗人的说法是比较可信的。

时生活的目击者。有些西方学者还曾假设史诗里的许多英雄（如阿基琉斯、赫克托尔等）都是北方部族传说里的人物，不一定与攻打伊利昂城的史实有关。

荷马史诗采用六音步诗行，不用尾韵，但节奏感很强。这种诗体显然是为朗诵或歌吟而创造出来的，在歌吟时，诗人大概还弹着琴来加强其节奏效果。由于这种叙事长诗是由艺人说唱，因此常常重复不少惯用的词句，甚至整段重复，一字不改。有时有些形容词的重复使用，只是为了构组音步的需要，并不一定对词句的意思有多少加强。许多诗行的重复出现，像交响乐里一再出现的主旋律，能给人一种更深的美的感受。使用比喻来加强气氛，使得人物形象更加鲜明，也是荷马史诗里一个突出的艺术手法。此外，荷马史诗还善于用简洁的手法描写，寥寥数语，表达出很深的感情。

荷马史诗的内容非常丰富，无论从艺术技巧或者从历史、地理、考古学和民俗学方面来看，都有许多值得探讨的东西。它在西方古典文学中一直享有最高的地位。从前8—前7世纪起，就已经有许多希腊诗人模仿它，公认它是文学的楷模。两千多年来，西方人一直认为它是古代最伟大的史诗。马克思也给予了极高的评价，说它具有"永久的魅力"，是"一种规范和高不可及的范本"。中华人民共和国建立前只有傅东华从英文转译的《奥德修纪》的译本，名《奥德赛》；1949年后出过傅东华译的《伊利昂纪》，以后有杨宪益译的《奥德修纪》散文译本（1979）。20世纪90年代之后，这两部史诗又有多种译本问世。

埃斯库罗斯

古希腊三大悲剧作家之一。生于阿提卡，卒于西西里杰拉。贵族出身。生活在雅典奴隶主民主制度兴起的时期，参加过波斯战争中的马拉松战役（前490）和萨拉米湾战役（前480）。两次旅居国外。

埃斯库罗斯歌颂雅典的民主自由，反对僭主专制，提倡爱国主义，力图使先进思想与传统观念调和起来。写过90部剧本，现存7部较完整的悲剧。《乞援人》（前463？）写埃及王达那俄斯带领他的50个逃婚的女儿来到阿耳戈斯请求避难。最后，在人民的同意下，国王佩拉斯戈斯把他们保护下来。这实际上是对雅典人提倡的民主自由的称赞。《波斯人》（前472）写波斯国王薛西斯从萨拉米湾战役中大败而归的故事。《七将攻忒拜》（前467）触及"家族诅咒"问题，同时也再一次反映出作者的爱国主义思想。在《被缚的普罗米修斯》（前466／前459？）中，埃斯库罗斯揭示了反对暴君统治的主题。埃斯库罗斯还留下一部完整的三联剧，包括《阿伽门农》（前458）、《奠酒人》（前458）和《报仇神》（前458）。

埃斯库罗斯的作品题材大都来自神话，但作家对神话有自己的解释，也增加了一些内容，从而反映了一定的现实生活。他的作品故事情节简单，抒情成分占有重要地位，但是矛盾冲突非常尖锐，很能感动人。悲剧英雄形象高大，有坚强的自由意志和战斗精神。语言庄严雄伟，带有夸张色彩。

索福克勒斯

古希腊三大悲剧家之一。生于雅典附近科罗诺斯，卒于雅典。出身于兵器制造厂厂主家庭。雅典民主派领袖伯里克利的朋友，曾被选为雅典十将军之一。写了120多部剧本，获奖24次。只传下7部完整的悲剧剧本。

索福克勒斯既相信神和命运的无上威力，又要求人们具有独立自主的精神，并对自己的行为负责，这是雅典民主政治繁荣时期思想意识的特征。他根据他的理想来塑造人物形象，即使处在命运的掌握之中，也不丧失独立自主的坚强性格。认为命运不再是具体的神，而是一种抽象的概念。

《埃阿斯》（约前450—前447）写进攻特洛伊的名将大埃阿斯由于没有得到阿基琉斯遗留的武器而企图杀害阿伽门农等将领的故事，抨击了埃阿斯的傲慢作风。《安提戈涅》里引起悲剧冲突的导火线是埋葬死者的问题。《俄狄浦斯王》（约前430—前426）是索福克勒斯最著名的悲剧。《埃勒克特拉》（前419—前415）的情节和埃斯库罗斯的悲剧《奠酒人》相仿，但是索福克勒斯强调表现的是埃勒克特拉勇敢坚定的性格，着重表现人物的心理活动。《特拉基斯少女》（前409？）写希腊英雄赫拉克勒斯被他的妻子得伊阿尼拉毒死的故事。《菲洛克忒忒斯》（前409）所描写的是一段有关特洛伊战争的神话故事，突出表现爱国主义和个人荣誉之间的矛盾冲突。《俄狄浦斯在科洛诺斯》（约前407—前401）写俄狄浦斯经过流放之苦，在雅典国王忒修斯的保护下神秘地死去的故事。索福克勒斯不仅对俄狄浦斯深表同情，同时对忒修斯也做了热情的歌颂。

古希腊悲剧在索福克勒斯手里已经达到成熟的境界。他的悲剧情节集中，结构严密完整，人物性格鲜明，语言朴质精练，富于表现力。他开始用第三个演员，尽量减少合唱队的抒情成分，相应地增加戏剧成分，并使合唱队参加戏剧动作，发挥演员的作用。

欧里庇得斯

古希腊三大悲剧家之一。生于雅典贵族家庭，卒于马其顿。民主政治衰落时期的悲剧诗人。在智者学派的影响下，他对神和命运之类的观念提出了异议。他所表现的神往往是荒谬的。在他看来，命运不是生前注定的，而是取决于人们自己的行为。欧里庇得斯拥护雅典的民主制度，但对它日益暴露出的危机感到忧虑。特别是在内战期间的各种现实问题，在他的悲剧中获得了深刻的反映。他对于雅典进行的不义战争，对于对外侵略、对内剥削的高压政策，对于压迫和虐待奴隶的问题，对于社会上存在的贫富悬殊、男女不平等、道德败坏的严重现象，都进行了揭露和批判。正因为如此，欧里庇得斯不能见谅于雅典当局，晚年不得不客居马其顿并在那里去世。

欧里庇得斯写了90多部剧本，现存18部，其中约有2/3的作品以妇女为主要人物，作者对她们进行了深刻的心理描绘。《美狄亚》（前431）就是这方面最出色的悲剧。《希波吕托斯》（前428）写国王忒修斯的后妻淮德拉爱上了她丈夫前妻的儿子希波吕托斯的故事。欧里庇得斯对这对男女都表示同情，把希腊传说中的英雄人物忒修斯写成了一个粗暴的人，并对神采取了批判的态度。《特洛伊妇女》（前415）写希腊人远征特洛伊的故事，影射前416年雅典人的侵略战争。雅典人的暴行与悲剧里所表现的希腊人摧毁特洛伊的暴行如出一辙，诗人感到无比的愤怒。《酒神的伴侣》（前405）中的酒神狄俄尼索斯要在忒拜城建立他的宗教仪式，国王彭透斯拒绝信奉他。酒神把国王诱入深山去观看一群疯狂妇女举行的庆祝会，结果被当作一头狮子撕死。这是他不敬酒神而招致的悲惨结局。据酒神解释，他是在执行宙斯的意志。剧作说明这些神都是极端残酷无情的。

亚里士多德在《诗学》里说，索福克勒斯是按照人应当有的样子来描写，欧里庇得斯则按照人本来的样子来描写。这是这两位悲剧家的一个重大区别。欧里庇得斯擅长心理分析，他在作品里着重反映人的情欲，语言朴质、自然，但有许多冗长的说理与辩驳。他的悲剧包含着大量的计谋成分、喜剧或闹剧因素以及浪漫情调，结构比较松散。他往往在"开场"中介绍戏剧情节，收尾时利用某些神祇的力量来解决布局中的困难。

在古希腊三大悲剧诗人当中，欧里庇得斯对后代欧洲戏剧的影响最大。塞内加（小）、高乃依、拉辛和歌德等人，都曾模仿他的作品。

阿里斯托芬

古希腊旧喜剧诗人。生于雅典。他交游甚广，苏格拉底和柏拉图都是他的朋友。柏拉图曾在他的哲学对话《会饮篇》中提起阿里斯托芬同苏格拉底讨论爱情的起源问题，讲了这样一个故事：那最初的人被神劈成一男一女，后来由爱情促使他们互相寻找，结合为一。公元前427年，阿里斯托芬的第一个喜剧《宴会者》上演，批判智者派倡导的新教育，得次奖。前426年，《巴比伦人》上演，嘲笑雅典盟邦的使节过于天真，受了雅典权势人物的欺骗。雅典激进民主派领袖克勒翁为此以诽谤城邦的罪名控告他，说他是外邦人，不得享受雅典的公民权。阿里斯托芬有三个儿子，名叫腓力、阿拉罗斯和尼科斯特拉托斯。他的最后两个喜剧，即《科卡洛斯》和《埃奥洛西孔》是替阿拉罗斯写的，他想把

这个儿子作为一个喜剧诗人介绍给雅典人。他这三个儿子后来都成了中期喜剧诗人。阿里斯托芬共写了44个喜剧，得过7次奖。流传到今天的旧喜剧，只有11个：《阿哈奈人》（前425年，得头奖）、《骑士》（前424年，得头奖）、《云》（前423年，得第三奖，比赛失败）、《马蜂》（前422年，得次奖）、《和平》（前421年，得次奖）、《鸟》（前414年，得次奖）、《吕西斯忒拉忒》（前411年）、《地母节妇女》（前410年）、《蛙》（前405年，得头奖）、《公民大会妇女》（前392年）、《财神》（前388年）。诗人死后，柏拉图为他写了两行墓志铭：美乐女神寻找一所不朽的宫殿/她们终于发现了阿里斯托芬的灵府。

阿里斯托芬的喜剧触及当时一切重大的政治和社会问题，反映雅典奴隶主民主制危机时期的思想意识。雅典集团和斯巴达集团之间的政治、经济矛盾终于导致内战，使雅典农村遭到破坏。阿里斯托芬维护自耕农的利益，坚决反对这种不义的战争。《阿哈奈人》中的雅典农民狄凯奥波利斯对战争感到绝

望,私下与斯巴达人订立和约,遭到烧木炭的阿哈奈人(歌队)的反对,狄凯奥波利斯在"对驳场"中争辩说,战争不过是为了互相争夺妓女,事情不能全怪斯巴达人,雅典当局也难辞其咎。他说服了烧炭人,然后向对方开放市场。此剧的政治作用在于扫除群众中的报复心理,主张重建和平。诗人在《和平》中号召希腊各城邦的人民前来救出被战神禁闭的和平女神。女神出现后,农民都要回乡种地,倒霉的只有贩卖兵器的商人。在《吕西斯忒拉忒》中,双方妇女发动政变,迫使男子停战。诗人主张希腊各城邦联合起来,共同对付波斯人再度入侵的威胁。

阿里斯托芬拥护民主制度,希望人民当家做主,不要被人牵着走。战争期间,雅典的民主制度逐渐衰落,政治煽动家,特别是克勒翁把自己的意志强加于人民。诗人在《骑士》中对克勒翁愚弄人民、拒绝和谈、勒索盟邦、侵吞公款等罪行予以猛烈抨击。当时克勒翁作战胜利归来,气焰甚高,诗人却把他描写为德谟斯(人民)的家奴,

他欺骗主人,压迫伙伴。伙伴们找来一个腊肠贩,这人更善于向主人献媚,夺取了管家的职位。腊肠贩得胜后,改邪归正,使德谟斯返老还童,也就是恢复旧日的民主制度和抗击波斯人的爱国精神。此剧是阿里斯托芬最尖锐、最有力的政治讽刺剧,深刻揭露了当时雅典政治的腐败情况。喜剧《鸟》中有两个年老的雅典人,他们厌弃城市生活和诉讼风气,升到天空去建立一个"云中鹁鸪国",切断天与地之间的交通,众神由于忍受不了饥饿,只好向鹁鸪国求和,把统治权移交给鸟类。鸟国中没有贫富之分,没有剥削,劳动是那里生存的唯一条件。此剧的主题表明诗人幻想建立理想的城邦,恢复早已被破坏了的农村自然经济。《鸟》是现存的唯一以神话为题材的旧喜剧,情节复杂,抒情味浓,结构严谨,是阿里斯托芬的一部杰作。

战争结束以后,雅典由于战败,经济崩溃,贫富之间的矛盾进一步激化,于是社会上产生乌托邦思想,要求平均财富。《公民大会妇女》中的妇女从男人手中夺取政

权，实行财产公有。《财神》讽刺使人人富有而不触及私有制的乌托邦思想。阿里斯托芬对农民、穷人甚至奴隶深表同情。诗人在《马蜂》中十分关怀那些靠一点陪审津贴维持生活的穷苦人民，怜惜他们受了政治煽动家的欺骗。奴隶在阿里斯托芬的喜剧特别是《地母节妇女》和《蛙》中占有重要地位，甚至可以同主人开玩笑。

公元前 5 世纪下半叶出现智者派，他们提倡思想自由，怀疑神的存在；另一方面，他们又传授诡辩术，颠倒是非。《云》中的农民斯瑞西阿得斯因为负债甚苦，叫儿子到苏格拉底的"思想所"去学习口才。孩子学成之后，回到家里，为饮酒诵诗的事同父亲发生口角，并用诡辩方式证明儿子打父亲有理。老人在气愤之下，前去烧毁了思想所。诗人在剧中批判智者派提倡诡辩技巧，破坏传统道德。在上演25 年之后，即公元前 399 年，这个剧成为苏格拉底被判死刑的罪证之一。阿里斯托芬在《阿哈奈人》和《地母节妇女》等剧中责备欧里庇得斯贬低悲剧艺术，描写妇女的

激情，鼓吹无神论思想，对社会产生不良影响。他在《蛙》里比较了埃斯库罗斯和欧里庇得斯的悲剧艺术，认为他们各有长短，埃斯库罗斯以崇高的思想和爱国的精神教育人民，而欧里庇得斯的悲剧则缺乏教育意义。《蛙》是古希腊最早的文艺批评论著，又是文学作品，这难能可贵。

阿里斯托芬的喜剧特别是《鸟》和《蛙》对神持嘲笑态度，这种嘲笑是古希腊戏剧节日所容许的，它

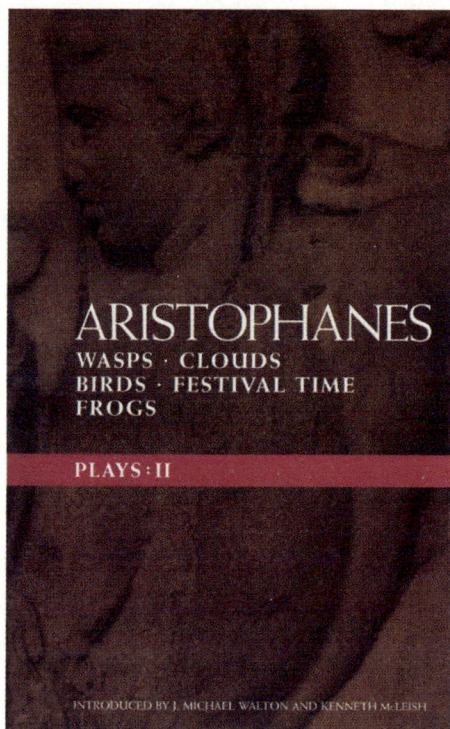

ARISTOPHANES
WASPS · CLOUDS
BIRDS · FESTIVAL TIME
FROGS

PLAYS : II

INTRODUCED BY J. MICHAEL WALTON AND KENNETH MCLEISH

《阿里斯托芬剧作集》封面

并不破坏宗教信仰。实际上阿里斯托芬的宗教观点和他对政治、社会的看法一样，都是相当保守的。阿里斯托芬认为喜剧诗人应该有严肃的政治目的。他以主持正义、挽救城邦、教育人民为己任。他的作品斗争性很强。恩格斯称他为"有强烈倾向的诗人"。

古希腊的旧喜剧是政治讽刺剧，受到权势人物的反对。雅典法律于公元前416年禁止喜剧讽刺个人，从此旧喜剧逐渐转变为"中期喜剧"。中期喜剧很少批评政治，只是讽刺宗教、哲学、文学，评论一般社会问题。阿里斯托芬的《公民大会妇女》和《财神》已经具有中期喜剧的特点。阿里斯托芬的人物缺少个性和内心特征。诗人惯于采用夸张手法以产生戏剧效果，因此他的人物与历史上的人物有一定的距离，但本质上是真实的。阿里斯托芬的歌队多种多样，由骑士、马蜂、云、鸟等组成，带有明显的寓言色彩。在他早期喜剧中，歌队占据重要地位，它参加剧中的活动，推动剧情向前发展。后期喜剧中的歌队则失去了重要地位。

阿里斯托芬的想象力非常丰富，他虚构剧中的情节，往往流于荒诞，但主题是现实的。戏剧的结构一般都很简单，有些松散。他常常在剧中提出一个重要的问题，剧中人物甚至歌队都环绕着这个问题进行辩论，最后出现欢乐场面，以宴会、婚礼等结束。阿里斯托芬的风格是多样化的。他的"开场"往往充满民间滑稽剧的插科打诨。他的"对驳场"点明主题思想，比较严肃。在剧中人物代表诗人说话的时候，严肃与诙谐交织在一起。他的诗采用民间的朴素语言，掺杂城市人的优雅词句。至于他的合唱歌则是以优美的抒情风格写成。他在古代很受人称赞。希腊化时期和罗马时期的学者十分推崇他的非凡的智慧、尖锐的讽刺和作品优美的风格。阿里斯托芬的喜剧在文艺复兴时期再度引起人们的重视。从17世纪起，他的喜剧对欧洲文学产生了广泛的影响。法国剧作家拉辛曾模仿阿里斯托芬的《马蜂》，写出《爱打官司的人》。英国小说家斯威夫特也曾受到阿里斯托芬的影响；菲尔丁曾模仿古希腊旧喜剧写政治

讽刺剧。歌德改编过《鸟》，海涅则自称是阿里斯托芬的继承者。

维吉尔

古罗马诗人。拉丁文全名为普布利乌斯·维吉利乌斯·马罗。生于当时属于阿尔卑斯山南高卢的曼图亚附近的农村。这一带地方农业兴旺，文化发达，出现过卡图卢斯和科尔涅利乌斯、奈波斯等许多重要文人。维吉尔的先世务农，家境比较富裕。幼年曾去克雷莫纳、罗马和意大利南部学习修辞和哲学，受到良好教育。因体弱多病，内战期间未服兵役，专心写作。公元前42年，屋大维（奥古斯都）为给复员兵士分配土地，曾没收维吉尔父亲的家园，迫使他们离家去意大利南部。不久由于朋友的帮助，屋大维又把土地归还给他家，从此，维吉尔便属于屋大维一派。屋大维建立了罗马帝国之后，加上奥古斯都

的称号，维吉尔一直是奥古斯都最尊重的诗人。维吉尔也在他的诗里不断歌颂奥古斯都的功绩，把罗马帝国的光荣和尤利乌斯家族联结在一起。

有一些短篇杂诗，曾被认为是维吉尔的早期作品，但更可能是后人的拟作。维吉尔最早的重要作品是牧歌十章，大概写成于公元前42—前37年。这些牧歌基本上仿效亚历山大城著名诗人忒奥克里托斯牧歌的形式，除了虚构一些年轻牧人的爱恋情节外，也抒发了不少他对当时政治和社会情况的真实感情，因此并不完全是模拟别人的作品。例如在第1章和第9章里，诗人就描写了被迫离开乡土的人的悲怨和他个人在被归还土地之后的感激心情。牧歌第4章是引起后世最为关注和争论的一篇作品，在这篇作品里，诗人庄严宣告了一个新时代的开始，歌颂一个婴儿的诞生将带来未来的黄金时代。从公元4世纪起，就有不少基督徒认为这是指耶稣基督的诞生，是对未来天国的预言。这种荒唐的宗教附会甚至影响了近代西方学术界的看法，引起

许多争论。实际上，这个出生的婴儿最可能是指生于公元前42年的马尔克鲁斯，是奥古斯都的妹妹屋大维娅的儿子，深为奥古斯都所宠爱，曾被认为是他的继承人。公元前25年马尔克鲁斯娶奥古斯都的女儿尤莉娅为妻，可惜他在公元前23年即病死，只活了20岁，因此未能继承帝位。维吉尔在他后来的史诗《埃涅阿斯纪》里，曾特别加上一段哀悼马尔克鲁斯的早夭（第6卷第860～886行）。西方基督徒附会这个婴儿为耶稣基督，显然不能成立，当时在罗马，基督教还没有那么大的影响。

《埃涅阿斯纪》插图——受伤的埃涅阿斯

维吉尔第二部重要作品是他在公元前29年发表的4卷《农事诗》，全诗共2188行，用了7年时间才完成。这首长诗与赫西奥德的《工作与时日》很类似，第1卷写种庄稼，第2卷写种葡萄和橄榄树，第3卷写牧牛马，第4卷写养蜂。当时罗马主要是农业国家，经过内战破坏之后，奥古斯都很注意振兴农业，所以维吉尔这篇长诗也是与当时政策相配合的。

维吉尔的最后十年都用在他最重要的著作12卷史诗《埃涅阿斯纪》上。根据当时罗马神话传说，罗马人最早的祖先是来自特洛亚的英雄埃涅阿斯。伊利昂城被阿凯亚人攻陷后，埃涅阿斯在天神护卫下逃出来，同他父亲安基塞斯和他的小儿子尤利乌斯一起，辗转到了意大利，娶当地的公主为妻，建立了王都，开始了尤利乌斯家族的统治。这个传说就成为史诗内容的根据。

维吉尔只活了51岁，在他将死时，他的史诗只基本上完成初稿，还没有定稿。他的创作态度十分认真，一篇诗作往往作多次修改，不肯轻易发表。据说他遗命将这部稿子烧掉，幸而奥古斯都非常重视这部史诗，他的朋友们也没有照他的意思去做，《埃涅阿斯纪》才得以保存下来。

维吉尔生前就被公认为最重要的罗马诗人，他死后，声名始终不衰。由于罗马基督教会从公元4世纪起就认为他是未来世界的预言家和圣人，因此他在中古时代一直享有特殊的尊荣地位。但丁在《神曲》中以维吉尔为他的老师和带路人。文艺复兴以后，许多用史诗体裁写作的欧洲著名诗人，如塔索、卡蒙斯、弥尔顿等都以维吉尔的史诗作为他们的范本。在古代希腊罗马文学作家中，维吉尔一般被公认是荷马以后最重要的史诗诗人。

但 丁

意大利诗人，中古至文艺复兴的过渡时期最有代表性的作家。全名但丁·阿利吉耶里。恩格斯称他是"中世纪的最后一位诗人，同时又是新时代的最初一位诗人"。

生平　生于佛罗伦萨，卒于拉韦纳。自称是古罗马人的苗裔。出身城市小贵族。高祖父卡恰圭达随从神圣罗马皇帝康拉德三世参加第二次十字军（1147—1149），被封为骑士，战死于圣地。高祖母是波河流域人，她的姓氏阿利吉耶里后来成为家族的姓氏。

13世纪，意大利在政治上处于分裂状态。北部小邦林立，小邦之间和小邦内部斗争都很激烈。最高统治者教皇和皇帝之间，长期存在着尖锐的矛盾和斗争。各小邦和小邦内部的政治力量，分别依靠这两个最高的封建权威，形成了圭尔弗党和吉伯林党两个对立的阵营。

前者号称教皇党，实际上主要代表新兴的市民阶级和城市小贵族；后者号称皇帝党，主要代表封建贵族。圭尔弗和吉伯林两党的划分，1216年最初出现于佛罗伦萨（当时具有和后来不相同的阶级内容和政治立场），后来逐渐遍及意大利全国。

佛罗伦萨当时是意大利最大的手工业中心，13世纪中叶以前，政权掌握在封建贵族手中。1250—1260年间，市民阶级壮大起来，圭尔弗和吉伯林两党斗争日益激烈，1266年，圭尔弗党获得最后胜利。但丁的家族是圭尔弗党，但政治上没有地位，家庭经济状况也不宽裕。他五六岁时，母亲贝拉去世；1283年左右，父亲阿利吉耶罗也去世。1277年，由父亲做主，但丁和杰玛·多纳蒂订婚。他的两个儿子雅科波和彼得罗，都是他的代表作《神曲》最初的传抄和注释者。

但丁少年时代好学深思，在学校里学了有关拉丁文法、逻辑和修辞学的初步知识，后来又从著名的学者布鲁内托·拉蒂尼学过修辞学，包括当众演说和写拉丁文书信的艺术，这对于担任公职和参加政治活动是必要的。他通过自学，接触到拉丁诗人的作品、法国骑士传奇和普罗旺斯抒情诗。18岁时已学会作诗。当时佛罗伦萨是博洛尼亚诗人圭尼泽利创立的"温柔的新体"诗派的中心。但丁和这个诗派的一些诗人互相赠答，并和诗派的领袖卡瓦尔坎蒂结成深厚的友谊。但丁赠给卡瓦尔坎蒂等诗人的第一首诗，是抒写他对贝雅特里齐的爱情的十四行诗。但丁对贝雅特里齐是精神上的爱，带有神秘色彩。在她死后，但丁把抒写对她的爱情以及其他有关的诗，用散文连成一体，成为他的第一部文学作品，取名《新生》（约1292—1293）。

对贝雅特里齐的爱情是但丁作为诗人的意义深远的生活经验之一。她死后，但丁为了寻找精神上的寄托，潜心研究哲学。首先阅读了博伊西斯的《哲学的安慰》，然后阅读了西塞罗的《论友谊》，以及其他哲学著作和塞内加的《道德对话》。除了必读的基督教《圣经》外，他还广泛阅读了经院哲学家阿尔贝图斯、托马斯·阿奎那和阿拉

伯哲学家阿威罗伊等人的著作。然后，又从托马斯·阿奎那上窥亚里士多德，特别是其《政治学》和《伦理学》。与此同时，他还精读了维吉尔的《埃涅阿斯纪》、贺拉斯的《讽刺诗集》和《诗艺》、奥维德的《变形记》和卢卡努斯的《法尔萨利亚》。他博览群书，掌握了广博知识，为后来的创作提供了有利的条件。

1289 年 6 月，他参加了坎帕尔迪诺之战，同年 8 月，又参加了佛罗伦萨攻占比萨的卡普罗纳城堡的战斗。从 1295 年起，他积极参加政治活动，为家乡佛罗伦萨贡献自己的力量。

1266 年，圭尔弗党最后战胜吉伯林党后，佛罗伦萨内部斗争仍很激烈。1293 年建立了行会民主政权，行政机关由 6 名行政官员组成，任期两月，期满改选，代表统治阶级，即羊毛商、丝绸商、呢绒场主、毛皮商、银钱商、律师以及医生和药剂师等 7 大行会，称为"肥人"。行会民主政权不许贵族担任行政官。根据 1295 年修改的"正义法规"，规定非豪门的贵族，只要加入一种行会，即可担任公职。但丁为了参加政治活动，加入了医生和药剂师行会。1285 年 11 月至 1286 年 4 月，他是人民首领特别会议的成员。1296 年 5—9 月，他是百人会议的成员（市议会性质）。1300 年 5 月，任特使，邀请圣吉米尼亚诺参加托斯康纳圭尔弗党城市的联席会议。接着，当选为行政官，任期从 1300 年 6 月 15 日至 8 月 15 日。

当时，佛罗伦萨圭尔弗党已分裂成黑白两党。黑白两党的斗争，除了家族仇恨和阶级矛盾以外，还掺杂着私人之间的冤仇以及个人的野心、贪欲等因素，情况异常复杂。佛罗伦萨的内讧，由于外来的干涉，更加激化。教皇博尼法齐乌斯八世借口神圣罗马皇帝尚未加冕，企图代行皇帝的权力，把托斯康纳全境置于自己的统治之下。

但丁任行政官时，以共和国利益为重。黑白两党发生流血冲突时，他秉公处理这一事件，建议政府将两党首领流放到边境，其中包括他的好友、白党首领卡瓦尔坎蒂。他在职期间，顶住了教廷的压力，挫败了教皇使节的阴谋诡计。佛罗伦萨政府的坚强态度，激怒了教皇，他下令把在职的行政官逐出教门，由于教皇使节迟迟没有执行，但丁任期已满，才免遭惩罚。

他离开行政官职位后，继续参加政治斗争。1301年3月，他在顾问会议上，反对向和教皇勾结的那不勒斯国王查理二世拨款以便他重新征服西西里。同年4月1日至9月30日，他再度成为百人会议的成员；6月19日两次会议上，但丁都反对支援教皇扩张势力。在这同时，黑党企图借助教皇的力量取得政权，但丁为形势所迫，不得不靠拢态度比较温和、对共和国前途比较关心的白党。在白党派遣但丁和另外两名代表去罗马，以便挽回危局期间，黑党在教皇力量的支持下，夺取了政权，对反对党大肆进行迫害。1302年1月27日，但丁以贪污公款、反对教皇和查理、扰乱共和国和平的罪名，被判5000小弗罗林罚金，流放托斯康纳境外2年，并永远不许担任公职。但丁对强加的罪名拒不承认。由于到期不交罚金和回乡认罪，同年3月10日，又被判处永久流放。

为维护共和国的独立，他"认为遭到放逐是光荣"。最初他曾和白党流亡者一起，试图打回家乡，但不久他就离开了"邪恶、愚蠢的伙伴"。他首先去维罗纳封建主巴尔托洛梅奥·德拉·斯卡拉的宫廷。在长期流浪中，他慨叹自己不得不"作为行旅，几乎是乞讨着，走遍几乎所有说过这种语言（指意大利语）的地方"。流亡者的辛酸使他更加思念故乡，关怀家人的命运。按照法令规定，他的儿子们满14周岁，也要像他一样遭到放逐。他打算写出有学术水平的著作，来恢复和提高因贫困和放逐而损害的声誉，借以实现还乡的愿望。为此，他于1304—1307年间撰写《论俗语》和《飨宴》两部著作。

放逐期间，他看到祖国壮丽的河山，接触社会各个阶层，丰富了生活经验，加深了爱国思想，视野从佛罗伦萨扩大到意大利全国和整个基督教世界。意识到自己担负着揭露现实，唤醒人心，给意大利指出政治上、道德上复兴的历史使命，他中断了《论俗语》和《飨宴》的写作，大约于1307年开始创作《神曲》。

1310年新选的亨利七世南下来意大利加冕，声称要消除各城市、各党派之间的争端，使所有流亡者返回故乡，实现持久的和平。但丁充满希望，写了致意大利诸侯和人民书，号召他们对皇帝表示爱戴和欢迎。但佛罗伦萨联合圭尔弗党诸侯，武装反抗亨利七世。为此，但丁于1311年3月31日写了致"穷凶极恶的佛罗伦萨人"书，愤怒声讨他们的罪行，接着又于4月16日上书给皇帝，敦促他从速进军讨伐。由于那不勒斯国王罗伯特和教皇克雷芒五世反对亨利七世，否认他的权力，但丁在这段时间写了论述政权应当与神权分离的政治著作《帝制论》。

亨利七世于1313年病死，但丁失望之余，仍然坚信一定会有拨乱反正的人出现。1311年，佛罗伦萨对流放者实行大赦，他不在其列。1315年5月，在给一位朋友的信里，他坚决拒绝在交付罚金、公开认罪的屈辱条件下返回故乡。同年11月，佛罗伦萨政府将他和他的儿子们（按叛逆者的后代论罪）一起判处死刑。他在卡森蒂诺地区，写信声讨佛罗伦萨政府。亨利七世死后不久，他去维罗纳封建主坎格兰德·德拉·斯卡拉的宫廷，受到优厚的待遇。后来，但丁把《神曲·天国篇》中的几章献给他，还附上一封拉丁文信，说明《神曲》全书的主题、目的和四种意义。1314年教皇克雷芒五世死后，但丁写信给意大利的枢机主教们，敦促他们选意大利人为教皇，把教廷从阿维尼翁迁回罗马，以摆脱法国国王的控制。最后，他接受圭多·诺韦洛·达·波伦塔的邀请，定居于拉韦纳。在维罗纳和拉韦纳期间，他主要致力于《神曲》的写作。《天国篇》刚一脱稿，就受圭多·诺韦洛委托，去威尼斯进行谈判，不幸染上疟疾，回到拉韦纳后不久逝世。

著作 《新生》 但丁抒写对贝雅特里齐的爱情的作品，包括以十四诗为主（25首）的31首抒情诗，用散文连成一体，并说明各首诗的缘起和意义。书中叙述但丁9岁时初见贝雅特里齐，她的形象恍如"幼小的天使"。9年后她重现在他眼前时,爱情就主宰了他的心灵。他怕别人看出他对她的爱慕,假装爱上一些别的女性,写诗表达对她们的爱情。贝雅特里齐不再理会他。起初他沉浸在悲哀的情绪中,后来怀着精神上的爱,专心写诗歌颂她,把她作为上帝派到人间来拯救他的灵魂的天使。贝雅特里齐25岁时去世,但丁悲痛欲绝。一位"年轻貌美的"高贵女性的怜悯使他很受感动,从而产生了新的爱情。但是贝雅特里齐的形象重新出现在他的记忆中,他感到羞愧和悔恨。最后,他经历了一番"神奇的梦幻"之后,"决定不再讲这位享天国之福的人,直到自己更配讲她的时候",到那时,关于她要"讲人们关于任何一位女性都未讲过的话",这是全书的终结。

书中的诗是1283—1292年间的作品,思想内容和艺术风格不断变化,逐步成熟。最初的诗沿袭圭托内·达雷佐的风格,生硬粗糙,稍后的诗受卡瓦尔坎蒂的影响,把爱情描写为一种猛烈可怕的力量。这些作品的缺点在于缺乏内在的激情。在歌颂贝雅特里齐的诗中,但丁最后依照圭尼泽利的方式,把她描写为天使,充满精神之美和使人高贵的道德力量。这些诗带有宗教神秘色彩,艺术风格比圭尼泽利更为清新自然,是"温柔的新体"诗派最高的成就。

散文部分也与诗相适应,富有抒情的韵味,语言朴素纯正,文笔简练流畅,在13世纪意大利散文中是无与伦比的。散文风格的形成,颇受拉丁文的影响,尤其受《圣经》的影响。

《新生》还有文学史上的意义和价值:它鲜明地表现出"温柔的新体"诗派的爱情观点和艺术观点;作为回忆录和忏悔录性质的作品,它与法国的骑士传奇和普罗旺斯的骑士抒情诗也有一定的渊源。

除了《神曲》以外,《新生》是但丁最重要的文学作品。

《诗集》 后人整理的除《新生》之外的但丁的全部短诗,包括但丁歌颂贝雅特里齐的诗和抒写对其他女性的爱情的诗,还有一些和其他诗人赠答的诗,以及一些寓意诗和道德诗。这些作品原来分散在

意大利古诗的抄本中，真伪、年代难以考证，确定为但丁的作品的，有一百来首。未收入《新生》中的爱情诗，可以补充《新生》的资料，了解但丁青年时代的精神生活，看到他的抒情诗一些其他的特色。和其他诗人赠答的诗，尤其是和卡瓦尔坎蒂赠答的诗，有助于了解"温柔的新体"诗派对生活和艺术的理想，以及诗歌在 13 世纪佛罗伦萨生活中的地位。

但丁的寓意诗以歌颂"哲学"为主题，首先把"哲学"描写为温柔的女性，她在贝雅特里齐死后抚慰诗人悲哀的心灵；后来又把她描写为冷若冰霜的女性，以象征学习哲学的过程中遇到的难关。道德诗歌颂美德，把美德看作哲学本身之美的外在表现。这些诗开《神曲》哲理部分的先河。

《诗集》中还有 4 首别具一格的所谓"石头诗"，抒写对一位冷酷而又迷人的名叫彼埃特拉（即石头）的女性的爱情，这种爱情不再是温柔的爱慕之情，而是强烈的情欲。为了表现这种新的内容，但丁师法普罗旺斯诗人，尤其是阿尔诺·丹涅尔，使用繁难复杂的格律。有人认为诗中写的是真实的爱情，有人认为纯属寓意，还有人认为是诗学上的新的探索和尝试。关于写作年份，也有争论，但几乎可以确定为放逐以前的作品。就艺术上来说，这 4 首诗风格粗犷遒劲，在抒发强烈的激情、描写自然风景方面，都别开生面，标志着但丁诗歌创作的"温柔的新体"时期的终结。

放逐以后的生活遭遇使但丁逐渐从抒写爱情的诗人变为"正义的歌手"。最有代表性的作品是寓意和道德诗《三位女性来到我心边》，诗中写正义和其他美德被世人遗弃，但永远受到善良的人们的崇敬，诗人意识到正义和美德在自己这方面，所以觉得遭受放逐是光荣，但同时又感到远离故乡的痛苦。这种心理状态后来在《神曲》中多次得到反映，诗的风格也带有《神曲》的某些特色。

《飨宴》（1304—1307） 一部具有百科全书性质的著作。作者借诠释自己的一些诗歌，把各方面的知识通俗地介绍给读者，作为精神食粮，故名《缮宴》。原来计划写15篇论文，第一篇作为全书引言，其余14篇诠释14首诗，但只完成了4篇。

《缮宴》显示出但丁学识渊深，而且有独到的见解。值得注意的是书中关于"高贵"的观点。但丁认为"高贵"在于个人天性爱好美德，不在于家族门第，批判了封建等级观念和特权思想。

《缮宴》的重大意义在于强调理性，指出"去掉理性，人就不再成其为人，而只是有感觉的东西，即畜生而已"；认为真正使人高贵、接近于上帝的就是理性。这种观点闪现出人文主义思想的曙光。

《缮宴》受时代的局限，论述和推理完全是经院哲学的方式，但它是意大利第一部用俗语写的学术性著作，为后来的学者树立了典范。书中还盛赞意大利俗语，表达了对祖国语言的热爱。

《论俗语》(1304—1305) 最早一部用拉丁文写的关于意大利语及其文体和诗律的著作。书中阐明俗语的优越性和形成标准意大利语的必要性，对于解决意大利的民族语言和文学用语，具有重大的意义。从书中可以看出但丁用意大利语写作《神曲》的理论根据。

这部书原来计划至少写4卷，但只写到第2卷第14章为止。书中从语言的起源和历史讲起，对问题的看法往往带有中世纪的偏见。讲到意大利语时，根据各地方言的特点，把全国方言分成14种。这在当时是难能可贵的，不愧为近代语言学的先驱之一。

书中重点放在解决意大利的民族语言和文学用语问题上。他认为只有卡瓦尔坎蒂和他自己以及其他优秀作家的语言，才适合做标准语和文学用语。这一论点强调了作家在形成民族语言中的作用，具有深

远的意义。

《帝制论》（1310—1313）一部以经院哲学的推理方式系统地阐述他的政治观点的拉丁文著作，带有空想色彩。全书共3卷。第1卷论证帝国的必要性。第2卷论证天意注定建立帝国的权利归于罗马人。第3卷指出万物当中只有人既具有可毁灭的部分（肉体），又具有不灭的部分（灵魂），因此人生有两种目的：一是享受现世生活的幸福，二是来世享受天国永恒的幸福。上天规定由两个权威分别引导人类达到这两种不同的目的：皇帝根据哲理，引导人类走上现世幸福的道路；教皇根据启示的真理，引导人类走上来世享受天国之福的道路。这两个权威都是直接受命于天，彼此独立存在。作为人文主义的先驱，但丁首先肯定现世生活有其自身的价值，不属于宗教上来世永生的目的。以此为出发点，阐明政教分离，教皇无权干涉政治的观点，向神权论提出挑战，意义是重大的。《帝制论》是但丁最优秀的，也是唯一完整的理论著作。

《神曲》 但丁最重要的作品，意大利语言和文学的奠基之作。但丁是欧洲文学史上继往开来的诗人，马克思和恩格斯对他评价很高，还在著作中引用《神曲》中的诗句和人物形象。《神曲》已经译成许多种文字，成为世界人民共同的精神财富。中国最早的译本有：①钱稻孙的《神曲一脔》，从原文译出，译文为骚体，照原文三韵句押韵，载1921年《小说月报》第12卷第9期；②王维克的《神曲》，从原文译出，散文译本，1939—1948年商务印书馆出版。

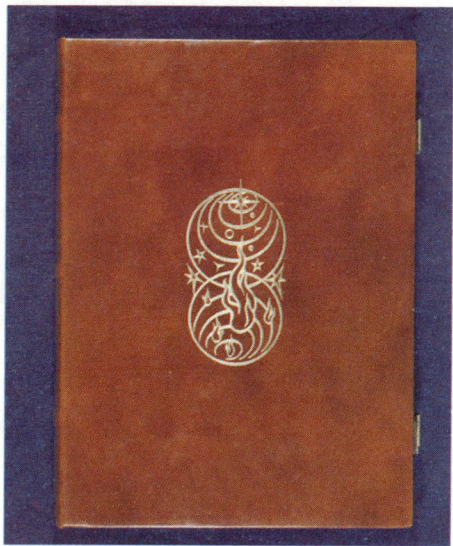

《神曲》1958年意大利版本

彼特拉克

意大利诗人。生于阿雷佐。父亲是佛罗伦萨著名的公证人，1307年与但丁一起被放逐。1311年彼特拉克随父亲流亡至法国的阿维尼翁城。他曾在法国蒙特比利大学和意大利博洛尼亚大学学习法律，后来入教廷当神甫，跟随红衣主教乔万尼·科隆纳游历欧洲。1327年，彼特拉克在阿维尼翁的圣·凯拉教堂偶遇一位名叫劳拉的少妇，一见钟情，终生不忘。劳拉成为他精神恋爱的对象和创作灵感的源泉。1541年4月8日彼特拉克接受了罗马元老院授予的诗人桂冠。1349年底他与薄伽丘在佛罗伦萨见面，从此两人频繁地书信往来，交流思想和学问，成为莫逆之交。1351年在薄伽丘的推荐下，赴佛罗伦萨大学讲学。

1357年彼特拉克返回祖国，起初往来于各个城邦，客居米兰、帕多瓦、威尼斯的宫廷，最后定居于一个名叫阿尔瓜的山村，直至逝世。

彼特拉克是一位知识渊博的学者。他搜集、整理古籍抄本，发现了西塞罗等人失传的书信和著作。最早运用人文主义观点研究古典文化，通过注释、阐述古籍，批判中世纪封建文化糟粕，提出与"神学"对立的"人学"观念。第一个指出了"古代学术——它的语言、文学风格和道德思想的复兴"至关重要。他精通拉丁文，深入钻研古罗马经典，向市民阶级宣传西塞罗和维吉尔的诗歌，称赞这两位诗人是古典文学的"两只眼睛"，应当借以观察社会现实。他精湛的学识赢得普遍的尊重，在各地成为受欢迎的嘉宾。他在所到之处广泛地传播新思想,有力地促进了欧洲文艺复兴运动的产生,因而享有"文艺复兴之父"的美誉。

彼特拉克也是具有明确政治理想的社会活动家。他认为"罗马帝国"不是至高无上的权力机构,断言帝国的衰亡是不可避免的结局;他期盼意大利成为一个君主政体的统一国家,而不只是作为罗马帝国的美丽花园而存在;因此他呼吁诸城邦之间停止内战,出面调解热那亚与威尼斯的战事纠纷,终生为民族的独立和统一而奔走呼号。爱国主义和民族主义构成彼特拉克的人文主义思想中的重要内容。

彼特拉克是文艺复兴时期多才多艺的文化巨人之一。他在文、史、哲诸方面著述甚多。他运用拉丁文抒发政治理想,阐述宗教见解,解释深奥哲理,而把母语意大利文作为个人真情实感的载体,用来写抒情诗。

他的拉丁文作品中最重要的是散文《秘密》(1342—1343),作品虚构诗人同圣奥古斯丁在真理女神面前进行的三天对话,对死亡与永恒、宗教信仰与世俗幸福、禁欲主义与性爱的矛盾等问题展开讨论。诗人向圣人敞开心扉,进行坦诚的解剖,暴露内心的隐私,因而将对话录题名为"秘密"。诗人在对话中承认用基督教伦理道德来衡量自己是有缺点的,但他宣称他无法克服这些缺点,因为这是人之天性。这是一次"人道"与"神道"的对话。叙事长诗《阿非利加》(1338—1341)是一部未完成的作品,讴歌第二次布匿战争中古罗马统帅西皮奥战胜迦太基将领汉尼拔的英雄事迹,赞颂罗马帝国的伟大,表达爱国主义的激情。这部史诗中有关爱情的章节与描写死亡的片段非常精彩,诗人在世时曾广为流传。其他拉丁文著述还有:历史著作《名人列传》(1338—1339)、《备忘录》(1343—1356);哲学著作《论孤独生活》(1346—1356)、《论宗教超脱》(1347—1357)、《两种不同命运之道》(1354—1360);文学沉思录《书信集》(1325—1374)。

彼特拉克最优秀的作品是用意大利语创作的《歌集》,共收366首诗,大部分是十四行诗,占317首,其余有29首自由体诗,9首六行诗，7首叙事诗，4首短诗。除少量的政治抒情诗之外，主要是诗人歌咏恋人劳拉的诗篇。彼特拉克从1327年见到劳拉的第一天起，几十年不断地写诗表达对她的爱慕与思念。劳拉死于黑死病之后，诗人写诗寄托哀思。因此，《歌集》以劳拉的逝世为界限，分前后两部分。第一部分描写诗人热恋的种种欢愉的感受，以及在禁欲主义思想的束缚之下，无法摆脱的因享受尘世幸福而产生的罪恶感和惶恐心理；第二部分宣泄痛失恋人的悲苦，并描绘了劳拉抚慰诗人的梦境。这些诗大胆歌颂爱情，吐露对幸福的渴求，反映人文主义者蔑视中世纪封建道德，热爱生活的新世界观。彼特拉克继承了普罗旺斯骑士诗歌和意大利"温柔的新体"诗歌颂爱情的传统主题，剔除了其中的隐晦寓意和神秘象征，避免了人物偶像化的缺点，用写实的手法塑造劳拉真实动人的形象，使之既具形体之美又具心灵之美，既是符合理想的完美女性，又是他实实在在倾心相爱的恋人。劳拉不再是骑士诗中那种矫揉造作、高不可攀的贵妇人，而是单纯开朗、平易可亲、美丽可爱的新时代女性。她成为人文主义者理想的美与爱的化身。彼特拉克注重描写个人内心的变化，擅长描写丰富多彩的爱情经验，写出了爱情中的幸福和欣慰，也写出了失望与痛苦，使爱情诗接近生活。诗中还创造出情景交融的意境，将对自然之美的敏感与对恋人的细微情感有机地结合，借用景物的美来赞颂劳拉。他以新的观念和新的手法开创了人文主义的新型抒情诗。

《歌集》中夹杂的政治抒情诗数量不多，却意义重大。有些诗对教会进行猛烈抨击，谴责它是"制造欺诈的工厂，邪恶的策源地，活人的地狱"，将矛头直接指向封建势力的总代表，表现出诗人大无畏的斗争勇气，在黑暗中奋力拼杀的战斗精神。在《高贵的精神》一诗中，诗人将古代罗马奉为文明的典范，与腐败罪恶的现实相对比，在《致意大利》中，他号召人民继承古罗马的美德，勇敢抵抗德国雇佣军。这些诗都反映了诗人对古罗马特有的崇敬之情和作为古罗马人后

裔的自豪感。《歌集》中最著名的政治长诗《我的意大利》洋溢着高昂的爱国主义热情，诗人要用"我的歌声"倾诉对祖国"浮沉的悲愤"和他的"希望"，指控各城邦君主为争权夺利而引狼入室，致使意大利四分五裂，不断遭受外族的入侵，让意大利"美丽的身躯受着致命的创伤"。诗人呼吁同胞们为争取独立和统一而斗争："美德一旦拿起武器，/向野蛮宣战，/胜利的日子就不再遥远，/古老的品德尚未泯灭，/在意大利人民心中永存。"

诗人的内心有着深刻的矛盾。他热爱生活和大自然，追求爱情和荣誉，渴望人间的幸福，却不能完全与基督教的禁欲主义思想决裂；他有爱国热情和民族意识，却又轻视群众；他为此而产生的苦闷和忧伤，也在《歌集》中得到倾泻。这些都真实地反映出文艺复兴初期人文主义者的思想矛盾，也集中体现了社会转折时期的历史特点。

《胜利》（1362—1374）是彼特拉克的另一部意大利语诗体作品。他模仿但丁的《神曲》，以象征的手法，用三韵句形式创作了这一首长诗，带有中世纪文学的梦幻色彩。作品从爱情、贞操、死亡、时间、永恒几个方面描写诗人的内心体验，这是诗人对劳拉的爱情从始至终整个过程的描写。尘世间的爱经历种种磨难后升华至天上，诗人终于在天堂里与恋人相聚。

彼特拉克的诗歌格调清新自然，流畅和谐，结构严谨，韵律优雅。他通过长期的实践，使十四行诗的形式达到艺术上的完美。这种诗分为两部分，前一部分由两段四行诗组成，后一部分由两段三行诗组成，采用 abba、abba、cde、cde 或 abba、abba、cdc、cdc 的押韵格式，诗句每行 11 个音节，通常是抑扬格。他的十四行诗成为欧洲诗歌中一个重要的诗体而流传下来。

乔叟

英国诗人。生于伦敦一富裕的中产阶级家庭。父亲是酒商兼皮革商，卒于伦敦。乔叟可能上过牛津大学或剑桥大学。1357 年进入宫廷，任英王爱德华三世的儿媳阿尔斯特伯爵夫人身边的少年侍从。1359 年，随爱德华三世出征法国，被法军俘虏，后被爱德华赎回。1366 年，乔叟和菲莉帕结婚。菲莉帕的妹妹后来嫁给爱德华的次子兰开斯特公爵，乔叟因而受到兰开斯特公爵的保护。同时，乔叟也是爱德华三世的侍从骑士。1369 年，兰开斯特公爵贡特约翰的原配夫人布兰希逝世，乔叟写了悼亡诗《公爵夫人的书》（1369—1370）来安慰他的保护人。1370—1378 年，乔叟经常出国访问欧洲大陆，执行外交谈判任务。他曾两度访问意大利（1372—1373；1378），这对他的文学创作具有极为重要的影响。

他接触了但丁、薄伽丘和彼特拉克的作品，这些作品深刻地影响了他的创作，使他从接受法国文学传统转向接受意大利文学传统。从 1374 年开始，乔叟担任了一些公职。他先被任命为伦敦港口羊毛、皮革关税总管（1374—1386），后来被英王理查二世任命为皇室修建大臣（1389—1391），主管维修公共建筑、公园、桥梁等。乔叟还担任过肯特郡的治安官（1386），并当选为代表肯特郡的国会议员（1386）。后来乔叟还担任过管理萨默塞特郡皇家森林的森林官（1391）。逝世后葬于威斯敏斯特教堂里的"诗人之角"。

乔叟把属于中古英语的东中部方言（伦敦方言）提高成为英国的文学语言。他又善于继承和吸收法国诗人与意大利诗人的诗歌技巧，并且运用这些技巧来丰富和提高英国诗歌的表达能力。乔叟最早的作品之一是他翻译的法文诗《玫瑰传奇》（1370）。这个英译本的前 1700 行诗一般公认为出自乔叟手笔。这一作品和《公爵夫人的书》都是用八音节双韵诗体写成的，都受到法国爱情诗的影响。后来，乔叟写了《声誉之宫》（1379或1380），也是用八音节双韵诗体写成，但是这个作品却显示出意大利诗人但丁《神曲》的影响。因此可以把《声誉之宫》看成是乔叟从接受法国文学传统转变到意大利文学传统的过渡时期的作品。不久，乔叟翻译了古罗马哲学家博伊西斯（又译博埃齐乌斯）的著作《哲学的安慰》（约524），易名为《博埃齐乌斯》（1381或1382），是英文散文译本。约在同一时期，乔叟还写了《百鸟会议》（1382），是用"君王诗体"写成的。这种诗体采用七行诗段的形式，每行为十个音节，韵脚为ababbcc。乔叟是第一个使用这种诗体的英国诗人，但"君王诗体"的名称却来自苏格兰国王詹姆斯一世，他曾用这个诗体写出苏格兰方言爱情诗《国王的书》。实际上这个作品受了乔叟的影响。数年后乔叟写了《派拉蒙和阿色提》，后来改编成为《骑士讲的故事》。在《贞节妇女的传说》（1386）里，乔叟第一次使用十音节双韵诗体。《坎特伯雷故事集》（1387—1400）也是用这一诗体写成。这个诗体后来演化成为"英雄双韵体"，在新古典主义时期垄断了英国诗坛。除上述作品外，乔叟还写了爱情故事长诗《特罗伊拉斯和克莱西德》（1385），用"君王诗体"写成。以上作品都属于乔叟创作生涯中的意大利时期。在这个时期内，乔叟在意大利文学的影响下，进一步发展了法国文学的骑士爱情诗歌的传统，把现实主义因素逐渐加入这一诗歌传统里来。这主要表现在乔叟最早的杰作《特罗伊拉斯和克莱西德》一诗里。这部作品取材于薄伽丘的爱情故事诗《菲洛斯特拉托》。乔叟加以扩展、发挥、改动，将他自己的现实生活经验放进这个古老的爱情故事里面，以至于有些批评家把它看成最早的一部现实主义小说。

乔叟创作的成熟期始于1387年。他写了《坎特伯雷故事集》总序。他一生的最后十几年大约都用在写这个故事集上面，但并未完成。尽管如此，《坎特伯雷故事集》在西方中世纪和文艺复兴时期的故事集当中却是独一无二的，是乔叟

《坎特伯雷故事集》插图

现实主义艺术的结晶。

乔叟虽然是个宫廷诗人，但他的生活经验却是多方面的。他熟悉 14 世纪英国社会各阶层的人物，也了解当时的欧洲社会。他熟悉法语和意大利语，但坚持用英语创作。他对英国社会不同阶层人物的语言，都能运用自如。他所涉及的题材面很广，对不同的题材采取不同的处理方法。其写作技巧和表现手法也各式各样。由于他的视野广阔，观察深刻，他笔下的人物具有超越国界的特点，乔叟善于写人的普遍的、共同的特点，因此他的作品能够在世界范围内长期吸引读者。乔叟热爱生活，热爱人。他虽然也嘲笑和讽刺人们的缺点和错误，但他总的人生态度是同情和宽容。乔叟是一位严肃的诗人，一方面给读者提供极大的乐趣，另一方面仍对读者进行教育，希望读者成为更理智、更善良的人。但乔叟不愿直接对读者进行说教，总是寓教导于娱乐之中。乔叟忠诚于真理，忠诚于现实，忠诚于自然（包括人性），忠诚于艺术。乔叟的艺术是现实主义的艺术，他开创了英国文学的现实主义传统。莎士比亚和狄更斯在不同程度上都是乔叟的继承人和弟子。在中国，乔叟的杰作《坎特伯雷故事集》有多种散文译本。

莎士比亚

英国诗人、剧作家。

生平　生于沃里克郡埃文河上的斯特拉特福镇。父亲约翰是沃里克郡的自耕农，1551年移居斯特拉特福镇，经营羊毛、皮革制造、谷物买卖等业；有人说他还当过屠户。1565年约翰任斯特拉特福镇的民政官，3年后被选为镇长。莎士比亚是长子，曾被送到当地的文法学校学习拉丁文和古代历史、哲学、诗歌、逻辑、修辞等。十三四岁时，家道中落，曾辍学帮助父亲料理生意。1582年11月同邻乡富裕自耕农的女儿哈瑟维结婚，次年5月生女苏珊娜，1585年生孪生子女珠迪丝（女）和哈姆奈特（子），哈姆奈特11岁时夭折。

1585—1592年期间，其生活经历不详，但后人有不少传说，例如说他当过乡村教师，又说他在某贵族府邸当过差，又说他当过兵，而传说最广的是说他偷了附近贵族乡绅路希爵士的鹿，逃往伦敦，时间一般推测在1586年前后。这段时期，传说他曾在剧院门前为贵族顾客看马，逐渐成为剧院的杂役、演员、股东。他开始写剧多半是改编旧剧或同其他剧作家合作，稍后才独立创作。莎士比亚发表的第一部作品长诗《维纳斯与阿多尼斯》（1593）是由伦敦经营印刷出版业的同乡世交菲尔德出版的。这部作品献给年轻的新贵族南安普敦伯爵。他的剧团从1594年开始一直受宫内大臣的庇护，称为"宫内大臣剧团"，1603年詹姆斯一世登基又改称"国王的供奉"。他同当时一些新贵族如埃塞克斯伯爵颇有交往。他的剧团也到女王宫廷演出，夏季或瘟疫流行时期，则到外省演出。1596年他帮助父亲申请并获得"家徽"（象征乡绅的社会地位）。据推测，他每年都回家探望，1597年在家乡购置了房产，1602年又置了地产（127英亩）。他一生的最后三四年在家乡度过。去世后，葬于镇上的三一教堂。

创作　莎士比亚共写了37部

戏剧，154 首十四行诗，两首长诗和其他诗歌。除两首长诗《维纳斯与阿多尼斯》和《鲁克丽丝受辱记》是在他生前自己发表外，他的某些剧作则以四开本"盗印版"行世。莎士比亚的全部剧本是在他去世后由同团演员海明和康德尔搜集成书，于 1623 年用对开本发行，称为"第一对开本"，收了 36 出戏，其中有一半是他生前没有出版过的。

戏剧的分类 "第一对开本"把莎剧分为 3 类，此后学者们又进一步把有关罗马历史的剧本分出来，称为"罗马剧"，把后期喜剧分出来，称为"浪漫剧"或"传奇剧"。

戏剧的分期 1850 年德国学者盖尔维努斯研究莎士比亚艺术技巧的发展，根据对莎剧诗行的研究，把莎剧分为 3 个时期：① 1590—1600 年，即历史剧和喜剧时期；② 1601—1607 年，即悲剧时期；③ 1608—1612 年，即"浪漫剧"时期。1870 年英国学者道登和弗尼弗尔，也根据诗歌技巧和作品的情调把莎剧又分为 4 个时期，即把第一时期又分为：1590—1596 年早期抒情时期，1597—1600 年历史剧和喜剧时期。

著作者问题 19 世纪中叶有些学者鉴于莎剧反映的知识面之广（涉及法律、历史、地理、政治、宫廷贵族的生活方式许多方面），文学成就之高，认为无论从出身还是所受的教育，他都不可能写出这些作品，因而认为这些作品的作者是培根；也有人认为是牛津伯爵德·维尔，以至马洛。但是莎士比亚的剧本是由他的剧团的两位演员搜集的，同时代剧作家琼森还为此全集写了献诗，仅此一端就使怀疑派的理论不能成立。怀疑派完全忽视了作者向生活学习、向前人学习的潜力。

作品简介 莎士比亚全部作品的基本思想是人文主义或称人道主义，用他的语言说，就是"爱"。他的作品就是"爱"的观念多方面的表现。人文主义是新兴资产阶级反封建的思想武器。莎士比亚的作品反映了新兴资产阶级的理想。他生活感受深，善于思考，艺术修养高，作品的形象性强；他吸收了欧

洲各国的新文化、新思想，因而他的作品深刻而生动地反映了16—17世纪的英国现实，集中地代表了整个欧洲文艺复兴的文学成就。

长诗 莎士比亚最早的诗作是《维纳斯与阿多尼斯》，题材来源于罗马诗人奥维德的《变形记》，写爱情女神维纳斯追求青年阿多尼斯，但阿多尼斯不爱她，只爱打猎，在一次行猎中为野猪所伤致死。维纳斯十分悲痛。在阿多尼斯死去的地方，血泊中生出一种花，名为白头翁，维纳斯把它带回塞浦路斯岛。此诗主旨是说明爱情不可抗拒，文字绮丽。出版后风行一时，至1602年共出了7版，至1640年累计16版。

《鲁克丽丝受辱记》取材于奥维德《岁时记》等作品，写罗马王政时期最后一个国王塔昆的儿子塞克斯特斯从战场奔回，奸污了同族柯拉廷纳斯的妻子鲁克丽丝，鲁克丽丝召回出征的丈夫，嘱咐他要报仇雪耻之后举刀自杀。最后，王朝被推翻，建立了贵族共和国。作者认为塞克斯特斯违背"荣誉"观念，新贵族应以此为鉴。作者又通过鲁克丽丝呼吁同情、怜悯与人道。此诗文字更为繁缛。

十四行诗 莎士比亚的十四行诗共154首，大约在6年间陆续写成，主题是友谊与爱情。这种从意大利传入的诗体多采取连续性的组诗形式。1～126首写诗人同一贵族青年的友谊的升沉变化；127～152首写诗人对一"黑肤女子"的爱恋；最后两首结束。前17首，诗人敦促青年结婚，美好的事物应当传代而得到永生，反映了人文主义者对"人"的信念和对新贵族的希望。随后，那青年有时对诗人冷淡，有时垂青另一个诗人，甚至勾引诗人的女友，但诗人以友情为重，表现和解精神。诗人对"黑肤女子"倾吐爱慕，但她被诗人的挚友拐走，诗人感到失望。在这些故事后面隐藏着丰富的思想内容——人文主义者对真、善、美的看法和理想，也反映出社会现实。这些诗虽然表现了对光明和未来的希望，但也表现出人与人之间的不和谐所引起的失望和焦虑。莎士比亚的十四行诗感情并不奔放，而是有节制，有思想深度，有分析说理，同时形象生动丰富，语言运用巧妙，诗句节奏感强。

历史剧 早期创作中的英国历史剧共9部，其中8部可以归纳成为两个四部曲。《亨利六世》上、中、下篇和《理查三世》；《理查二世》，《亨利四世》上、下篇和《亨利五世》。此外有《约翰王》。新兴资产阶级从当时所处的地位，要求国家统一，改造封建王权，以利于本阶级的发展。16世纪90年代伊丽莎白女王政权虽仍巩固，但王权继承问题日趋迫切，国内外封建势力蠢蠢欲动，30年前凯特领导的农民起义记忆犹新。莎士比亚关心民族命运，既反对封建内讧，也反对农民起义，而主要反对前者，要求在一个开明君主的统治下，巩固国内和平与统一。这就是他写历史剧的主旨。

前四部曲中，《亨利六世》上篇写英国在英法百年战争中由于贵族不和而失利；中篇写国内贵族的纷争和平民起义，导向内战；下篇写红白玫瑰战争的封建内战，属于红玫瑰贵族集团的国王在内战中被杀。《理查三世》写篡夺王位的白玫瑰集团的首领爱德华四世死后，同族贵族理查用狡诈、血腥毒辣的手段，登上统治宝座，很快为敌党所杀，结束了玫瑰战争。约翰王虽然有反对天主教的一面，但他谋害了合法继承人，篡夺了王位，引起外患。

后四部曲写理查二世优柔寡断，听信宠臣，不能维持贵族间的平衡。他的堂弟利用时机夺去王位，自立为亨利四世。亨利四世由于王位来路不正，终日惴惴不安，虽然两次平复内乱，但太子不务正业，王位前途仍然令人忧虑。后来太子改过自新，继位为亨利五世。亨利五世用对法战争解决了国内矛盾，夺回在法国的领地。在他身上，作者寄托了一个开明君主、民族英雄的理想。亨利五世改邪归正的转变过程反映出作者改造封建君主的思想。

根据古罗马故事写成的流血复仇剧《泰特斯·安德洛尼克斯》，写主人公顾全大局但仍不能避免内讧的悲剧。

喜剧 约1593—1600年，莎士比亚写了10部喜剧和1部悲剧

《罗密欧与朱丽叶》。这些喜剧各有特色。最早的《错误的喜剧》是根据罗马喜剧家普劳图斯的《孪生兄弟》而改编的，喜剧效果全靠人物彼此误认而造成。《温莎的风流娘儿们》则是以《亨利四世》中的福斯塔夫为中心的反映市民生活的喜剧。这个时期，绝大部分喜剧以爱情为主题，但《威尼斯商人》则超出此范围，而同样主题的《罗密欧与朱丽叶》却写成了悲剧。《驯悍记》虽然提倡婚姻自由，但也表现了作者男尊女卑的观点。

《维洛那二绅士》写爱情的忠贞；《爱的徒劳》《无事生非》着重反对禁欲主义；《仲夏夜之梦》《皆大欢喜》则把爱情故事放在大自然的环境中，后者用大自然同宫廷的尔虞我诈做了对比。《第十二夜》通过次要情节，对清教徒的虚伪大加嘲讽。

《罗密欧与朱丽叶》写一对青年分属两个世代为仇的封建家族，两人一见倾心，但不能结合。他们求助于劳伦斯神父，神父私自为他们举行了婚礼，并安排他们逃离维

《罗密欧与朱丽叶》剧照

从英雄到人文·必知外国文学家❶

洛那，但由于偶然的错误，两人先后殉情。双方家长鉴于世仇铸成错误而言归于好。这首颂扬爱情的赞歌具有鲜明的反封建意义。

《威尼斯商人》写商人安东尼奥为了帮助友人巴萨尼奥成婚，向犹太高利贷者夏洛克转借现金，夏洛克出于妒恨，假意不收借息，戏约到期不还，可以割安东尼奥身上一磅肉。安东尼奥果然失期，开庭之日，巴萨尼奥的未婚妻假扮律师在法庭上击败了夏洛克。这出戏通过三条交错的故事线索，颂扬仁爱、友谊和真诚的爱情。

悲剧 1601—1607 年，莎士比亚写了"四大悲剧"、五部以希腊罗马故事为题材的剧本和两出"喜剧"。这一时期的剧作，思想深度和现实主义的深度大大增强。即使所谓"喜剧"，爱情也显露出阴暗的一面。《终成眷属》中的海丽娜对勃特拉姆的爱情，受到后者的社会地位观念的打击，但她却不择手段以达到目的。《一报还一报》（又译《请君入瓮》）里的安哲鲁执法犯法，把爱情作为交换条件。在《特洛伊罗斯与克瑞西达》和《安

东尼与克莉奥佩特拉》两剧中，作者对爱情和荣誉产生了怀疑。

《尤利乌斯·凯撒》反映了反对权力集中的斗争；《科里奥拉努斯》写的是罗马贵族由于骄横而导致背叛与灭亡。

莎士比亚的悲剧之所以伟大，在于它们具有高度概括意义。《哈姆雷特》是一出人文主义思想家的悲剧。哈姆雷特的父王被叔父杀害，母亲嫁给了叔父，父王的亡魂要求他报仇。这样一个简单的事件，促使他考虑到整个社会和时代，发现"整个时代脱榫"了，决定担负起"重整乾坤"的责任。但他单枪匹马同黑暗势力较量，寡不敌众，最后失败。

《奥赛罗》的主人公是作者创造的理想人物，他坦率，相信人而又疾恶如仇，他受到玛基维里式的阴谋家伊阿古的摆布，错杀了心爱的妻子。

《雅典的泰门》写的是虚伪的友谊使泰门变成一个彻底的厌世者。

《李尔王》最富于哲学意义。其概括意义最强，处理了权威与爱的矛盾，权威与社会正义的矛盾，真

诚的爱同虚伪的爱的对比，人性与大自然的善恶问题。剧本主要写李尔王从一个有绝对权威的封建君主变为一个人文主义者心目中的"人"的过程，转变的媒介是同情。

《麦克白》的主人公是苏格兰大将，由于野心的驱使，杀死了慈祥的国王。在更广泛的意义上，剧本探索人性的善转变为恶的过程。麦克白是一个立过功的、有所作为的英雄，性格中有善良的一面，由于女巫和夫人的诱惑，他想干一番大事业的雄心变成了野心。一旦野心实现，必然引起一连串新的犯罪，最后导致灭亡。

莎士比亚写的悲剧是他对他那个时代的重大问题深入思考的成果，是新兴资产阶级思想最生动的形象的再现。

晚期创作 人文主义的理想同现实之间的矛盾是难以弥合的。莎士比亚晚期作品都以宽恕和解为主题。《泰尔亲王佩里克利斯》（一般公认前两幕不是莎士比亚手笔）、《辛白林》和《冬天的故事》都是写失散、团聚、诬陷、昭雪、和解。晚期主要作品是《暴风雨》，

情节比较集中。故事写米兰公爵普洛斯彼罗被其弟驱逐，携带幼女米兰达逃往荒岛，他通过魔法掀起狂风把那不勒斯国王、篡位的弟弟安东尼奥、那不勒斯王子等所乘的船摄到荒岛。他宽恕了安东尼奥，恢复了爵位。王子同米兰达结了婚，一同回到意大利。普洛斯彼罗对待岛上土生居民的做法反映了资本主义的殖民过程。剧中也明确提出了人文主义者理想国的主张。全剧以宣扬容忍宽恕告终。

《亨利八世》由几个片段组成，一般公认其中一部分是莎士比亚手笔，通过3个人物的悲剧，展示对新一代统治者的希望。

历代对莎士比亚的评论 马克思和恩格斯在许多场合给予莎士比亚很高的评价，承认他在戏剧发展史上的重要作用。马克思在1859年4月19日写给拉萨尔的信中批评了"席勒式地把个人变成时代精神的单纯的传声筒"的创作方法，提出"莎士比亚化"这一重要论点。恩格斯在同年5月18日给拉萨尔的信中称赞"莎士比亚剧作的情节的生动性和丰富性的完美的融

合"，也批评了"为了观念的东西而忘掉现实主义的东西"的创作方法，赞许莎士比亚历史剧中"福斯塔夫式的背景"。

每个时代对莎士比亚的评论，都反映了那个时代的文学观点，也反映了莎士比亚作品的某些特点或侧面。莎士比亚的同时代剧作家琼森称他为"时代的灵魂"，但又批评他缺少"艺术"。这一评论定下了19世纪浪漫派以前批评的调子。17世纪中期以后到18世纪，在古典主义影响下，评论界都承认莎氏有天才，但毫无创作法则的观念。伏尔泰称他为"烂醉的野蛮人"。莎士比亚不仅不遵守"三一律"，而且在悲剧中掺杂喜剧场面。德国狂飙运动时期，莱辛和歌德突破了古典主义的束缚，从莎剧反映"自然"（现实）中获得启发。浪漫主义时期，评论界进一步看到了莎士比亚剧中的思想感情的深度，看到了莎士比亚诗歌的成就，特别对人物的分析感兴趣。这一时期的代表是德国的施莱格尔兄弟和英国的柯尔律治，到20世纪初期英国的布拉德莱（1851—1935）而登峰造极。19世纪俄国革命民主主义评论家，以别林斯基、杜勃罗留波夫为代表，为开辟现实主义道路，着重指出莎士比亚剧作真实地反映生活，特别是人物刻画深刻。从浪漫派以来，绝大部分的评论是肯定莎士比亚的。持异议的则有托尔斯泰。托尔斯泰也从现实主义出发，指出莎士比亚剧作的情节不可信，人物写得成功的原因是他所根据的素材本身就好。

20世纪西方莎士比亚评论经历了几个阶段，但主要不外是两个派别及其变种的交替，可以称为"客观派"和"主观派"。前者从外部研究，如从当时舞台技巧、戏剧传统，从莎士比亚对旧情节的改编以及当时具体历史事件等角度研究；后者则从诗歌语言、"意象"、心理、哲学思想等角度研究。60年代最极端的评论则是把莎士比亚看成是荒诞派作家，把他比作当代荒诞派剧作家贝克特。

俄国十月革命后，苏联和欧美各国的马克思主义莎士比亚评论，从唯物辩证观点出发，以列宁的反映论为依据，联系历史上的阶级斗

争实际和文学的社会作用，对莎士比亚剧作做出了新的评价。1949年后，对莎士比亚的研究也做出不少成绩。

莎士比亚在中国　莎士比亚的名字是由传教士在1856年介绍到中国的。清末，中国思想界代表人物严复、梁启超及稍后的鲁迅也都在译著中提到莎士比亚的名字。莎士比亚的作品最初是通过翻译英国19世纪初散文家兰姆的《莎士比亚故事集》介绍过来的，1903年上海达文社出版，题为《澥外奇谭》，译者不详，内容包括10个故事。同时，林纾和魏易则把故事集全部20个故事翻译出来，于1904年出版，题为《英国诗人吟边燕语》。

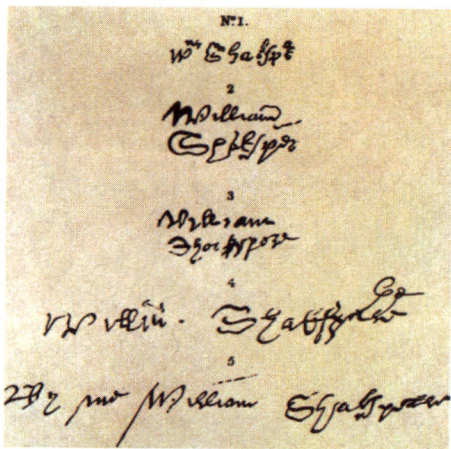

莎士比亚签名

中国最初上演莎剧，多以此书为蓝本加以改编。

莎士比亚的戏剧，直到1919年"五四运动"以后，才用白话文和剧本的形式翻译介绍过来。田汉在1921年译了《哈孟雷特》，1924年译了《罗密欧与朱丽叶》。20世纪20—30年代的十几年间，莎剧的翻译出了许多种。抗日战争期间，翻译和介绍工作仍未间断，特别是曹未风和朱生豪，在艰苦条件下坚持系统的翻译工作。曹未风译了11种，于1942—1944年陆续出版；抗日战争胜利后，又以《曹译莎士比亚全集》的总名出版了其中的10种。朱生豪从1935年开始到1944年病逝前共译了31种剧本，1947年出版了27种。

抗战后期到1949年前，有曹禺译的《柔密欧与幽丽叶》、孙大雨的《黎琊王》、梁宗岱的《莎士比亚的商籁》等。

中华人民共和国建立后，特别是50年代，出现了许多新译本，如卞之琳译的《哈姆雷特》、吴兴华译的《亨利四世》、方重译的《理查三世》、方平译的《捕风捉影》《威尼斯商人》《亨利第五》等。在莎士比亚诞生 400 周年时，把朱生豪的译本分 11 卷出版，题为《莎士比亚戏剧集》。此后，又对译文做了全面校订，缺译的剧本和诗歌都补译齐全，于 1978 年出版，定名为《莎士比亚全集》。

莎士比亚的剧本在中国的上演是话剧兴起以后的事。"五四运动"以前的初期话剧可以查考的外国剧本，最多是莎士比亚的作品，达 20种。1929 年和 1937 年，上海戏剧协社和南京戏剧学校都上演过《威尼斯商人》。1937 年上海业余实验剧团演出了《罗密欧与朱丽叶》。抗战期间，在大后方也上演过莎剧，在重庆演了《奥赛罗》，在成都演了《罗密欧与朱丽叶》。中华人民共和国建立后演出的莎剧有北京上演的《罗密欧与朱丽叶》《第十二夜》《无事生非》《威尼斯商人》《麦克白》《一报还一报》和上海上演的《无事生非》《罗密欧与朱丽叶》。

弥尔顿

英国诗人。

生平 生于伦敦，卒于伦敦。父亲是伦敦公证人，收入颇丰，有文学修养，擅长音乐，至今还遗存所作乐曲数篇。父亲少时因不信天主教而信奉新教，被逐出家门，遂往伦敦自立门户。弥尔顿自幼喜爱读书。1620 年左右进入圣保罗学校，刻苦攻读，尤其喜爱文学。1625 年入剑桥大学，开始用拉丁文和英文写诗。1632 年取得硕士学位。原要他担任教会牧师，但因当时英国国教日益转向反动的天主教，他未同意。在他父亲的霍顿别墅里进修 6 年，准备写一部荷马式史诗，以流传后世。这期间他曾写过一些成熟的短诗，如《科玛斯》(1634) 和《利西达斯》(1637) 等篇。

1638 年，弥尔顿前往当时欧洲文化中心的意大利旅行，受到当地文人墨客的欢迎和赏识，并与当时处于天主教囚禁中的伽利略会晤。翌年得知英国革命即将爆发，便终止计划中的希腊之行，仓促返国。1641年，他参加宗教论战，站在革命的清教徒一边，主张取消主教制，写了《反对教会管理的主教制》。在一年多的时间内他连续发表5本小册子，对保皇党和英国国教给予有力打击。1643年后，可能由于与妻子鲍威尔不和，发表关于自由离婚的小册子，受到保皇党和长老派的攻击。1644年又为争取言论自由的权利而发表重要的《论出版自由》的小册子。

1649年，查理一世和国会斗争彻底失败，革命阵营中的独立派将国王处死，成立共和国，全欧洲为之震动。弥尔顿为提高革命人民的信心，在处死国王后两周，发表题为《论国王与官吏的职权》的论文。克伦威尔的革命政府从这篇反对王权的文章及反对主教制等文章，发现弥尔顿是一名忠勇的革命战士，便在1649年2月邀他参加革命政府，担任国务院拉丁文秘书职务。在任职期间，弥尔顿为政府做了许多重要的宣传工作。当时英国曾广泛流传《国王书》，表白查理在世时如何虔诚、和蔼，爱民如子，以动摇民心。弥尔顿在政府指示下，写《偶像破坏者》一文加以反击。查理一世的儿子（即后来的查理二世）流放在国外，请欧洲著名的学者撒尔梅夏用拉丁文写《为查理一世声辩》的小册子，向欧洲各国控诉英国的"弑君者"，企图在国际上威胁与孤立英国共和政府。1650年，弥尔顿也用拉丁文写《为英国人民声辩》加以驳斥，但因劳累过度，从此双目失明（1652）。1654年又发表《再为英国人民声辩》。

克伦威尔死后，革命势力日渐消沉。国内的资产阶级和流亡国外的查理二世已在进行和解谈判。但在1660年查理二世复辟前，弥尔顿还发表了小册子《建立共和国的简易办法》。这表明他是绝不妥协的民主革命派。两个月后，查理二世回到伦敦，王朝复辟。1660年5月，作为"弑君者"的辩护人，弥尔顿被捕入狱，但旋即释放。

弥尔顿从此深居简出，专心写

诗。这是他青年时期的抱负，因从事革命而被搁置20年。他想写的长诗的主题、思想和感情与青年时期所设想的已完全不同。这时他双目失明，写作困难很多，在几个女儿和一些青年的帮助下，完成了三首长诗：《失乐园》（1667）、《复乐园》（1671）和《力士参孙》（1671）。

作品　弥尔顿的创作大致可分为三个时期。早期：短诗；中期：散文；晚期：长诗。

短诗　早期的作品中包括一些用拉丁文、希腊文和意大利文写的诗。在从事政治工作的20年间，他仅留下17首十四行诗。短诗中最著名的有优美的姊妹篇《快乐的人》（1632）与《幽思的人》（1632）。在《快乐的人》里，他歌颂田野景色、农民的劳动与欢娱的生活，以及富贵荣华、歌舞升平的都市景象。在《幽思的人》里，他写月色朦胧，轻云荡漾，林中夜莺，远处钟声；深夜则仰观天象或诵读诗书，清晨则漫游苍松之林，俯听流水之音。《科玛斯》是一出假面剧，弥尔顿加重了它的对话的分量，因而加强了这一剧种的严肃

性。这出戏歌颂能抵制诱惑的高尚情操。《利西达斯》一诗是严肃的生命之歌，为悼念同学金（卒于1637）而作，有物伤其类之感。这首诗思想变化复杂，自伤的感情时发时抑，语音速度也忽缓忽急，却能浑然一体，以诗人宁静的心情作结。有人认为《利西达斯》是英国最伟大的短诗。他的短诗中共有23首十四行诗，其中前6首（内有5首用意大利文写成）为少年时期的作品，其余17首均为中年革命时期偶成之作。内容包括对革命人物的赞颂，对友好故旧的酬答，或为个人情怀的抒发，感情真挚，文字朴实，形式完美。

散文　弥尔顿的散文都是他年富力强时的作品。1644年发表的《论教育》一文，主张把学生训练成为聪明、有教养而又肯负责任的公民与领导。因而要求他们学习古典文学，而以《圣经》与基督教为指导原则。在《论出版自由》中，他认为只有通过自由讨论，人类才能赢得真理的胜利。在国会与保王党的斗争中，国会中的长老派取得胜利，便想统治国人的信仰与

思想。弥尔顿警告长老派不要压迫其他革命者。文章论点鲜明，论证有力，言辞激烈，读来仍可感到他当年的革命激情，是弥尔顿散文中的不朽之作。《国王与官吏的职权》（1649）一文解释了国家权力的来源。他认为君权来自人民，不是神授；君主滥用权力时，人民当然有权予以收回，甚至有权处死残暴的君主。《偶像破坏者》（1649）一文是为反击查理一世的牧师发表的《国王书》而写，《为英国人民声辩》是为驳斥撒尔梅夏的《为查理一世声辩》而写。在法律辩论方面，弥尔顿虽不曾给撒尔梅夏以有力打击，但对后者的文人无行方面却作了无情的揭露，遂使撒尔梅夏一时不敢再行声辩。

弥尔顿的《再为英国人民声辩》（1654）是一篇向欧洲大陆的声明，有力地歌颂了共和国领袖克伦威尔的成就，但也勇敢地警告克伦威尔不要行使个人独裁。《建立共和国的简易办法》（1660）是弥尔顿最后一篇政论，主要内容是坚决反对王朝复辟，他认为人民把幸福与安全交给独裁的国王就是疯子、傻瓜。应该把政权放在全国最高议会，其成员由绅士提名，选举产生，并授以终身职务。这种见解虽不高明，但明知国王即将复辟、共和国大势已去，还坚定反对国王，这表明他的勇敢和坚定。

弥尔顿的散文，就数量言，约为他的诗篇的4倍，富有特色，表现了弥尔顿青年时代的理想。而以后的长诗《失乐园》《复乐园》与《力士参孙》，则反映了他的理想的破灭，同时也反映了他饱经考验的信仰与无所畏惧的刚强意志。

长诗　晚年有三部长诗。

①《失乐园》。革命失败后，弥尔顿放弃了写作一首英国史诗的计划，因那是在英国革命将会取得胜利的条件下的设想。他从《圣经》中选用最重要的题材：人类是如何失去上帝的恩宠而堕落的。失乐园这个故事早已家喻户晓，但他对这一题材作了生动而有独创性的处理。对今天的读者来说，撒旦的形象还保留着原有的那种宏伟气势。这是世界文学史上刻画得最为成功的人物之一。撒旦是超人，具有权威、勇气、领袖才能和政治家

风度。这种形象只有在英雄史诗里才能够找到。但弥尔顿在撒旦身上又加上了作威作福的骄矜与妄图争得最高权力的野心。他在塑造这种性格时夹叙夹议，或借用英雄人物以及各种凶猛野兽做比喻，有时也通过戏剧性的独白，使读者自然地联想到莎士比亚笔下的理查三世、伊阿古、爱德蒙、麦克白等。虽然弥尔顿并未离开他所取材的神话的情节，但清楚地暴露出革命的失败遗留在他心中的阴影。他所创造的节奏与声响确实是卓越的成就之一。他的长句和诗段的奔流与莎士比亚的对话式无韵体不同。对话式

《失乐园》插图

无韵体常是长短错落，而弥尔顿的节奏则如长江大河奔腾澎湃。它在不同情节中也变化多端，并不单调。弥尔顿的节奏与声响模式和他的思想意境的模式总是紧密结合，互为补充。

②《复乐园》。在《失乐园》里，弥尔顿提到忍耐和英勇牺牲要比火线上战斗更为高尚。这样的刚强意志就是《复乐园》和《力士参孙》的主题。《复乐园》是《失乐园》的自然继续，它写耶稣——第二个亚当——来到人间，为人类赎罪。诗人并未处理十字架死刑的情节，而是表现耶稣如何拒绝撒旦的各种诱惑，从而证明耶稣有应付任何考验的能力。只要他具备完整的人格和顺从神意的决心，便可以对一切磨难无所畏惧。一般批评家感到这首诗缺少激情，但它表现出弥尔顿虔诚的信仰、坚定的意志和敢于作英勇牺牲的精神。

③《力士参孙》。有些读者认为这是弥尔顿长诗中最有力量、最令人满意的作品。这是以希腊悲剧为典范的伟大的英国诗剧。剧中在来人报告参孙的悲壮结局之前，所

有的对话都是心理分析，是参孙心里所经历的整个过程。他想到双目失明，备受凌辱，与奴隶一起劳动的痛苦。这些经历使参孙变得谦虚，使他恢复信心，因而有可能成为神所选定的自我牺牲的英勇战士。这出戏之所以有力量并感人至深，也因为弥尔顿的身世与参孙相似。他也是双目失明，与全国奴隶们在复辟王朝的压迫之下生存。但是弥尔顿表现了参孙的磨炼与克制。剧中一切情节并没有超出圣经故事的范围。《力士参孙》是弥尔顿一生中最后的作品，也成为诗人的最后见证。他像参孙那样终于克服了失望，或把失望升华为三篇长诗的完成。这些诗不再单纯地表示革命的信念，而是对神的引领的祈求，对个人灵魂的重视和对人类最终复兴的信念。

在英国诗人中，弥尔顿的地位常排在莎士比亚之后，而在所有其他诗人之前。艾迪生在《旁观者》报发表文章评论《失乐园》之前，弥尔顿的地位已经确定。艾迪生的文章则把弥尔顿的名声又扩大到欧洲大陆。弥尔顿对18世纪诗人产生了深刻的影响。到19世纪，批评界对弥尔顿的看法形成了两个派别。一派是唯撒旦论的误解，他们把弥尔顿看成像他们一样的叛逆者。另一派评论家也把重点放在这首叙事诗上，但他们把弥尔顿的思想、道德、信仰当作已成过去的原教旨主义（即一切教义应根据《圣经》的记载）加以摒弃，只欣赏诗中风琴式的语言。

到维多利亚时期，诗人的影响日益衰退。20世纪初，庞德和艾略特等人强烈反对弥尔顿。但到40—50年代后，对弥尔顿的批评态度有了转变，人们写了不少著作研究他的思想与信仰，对他进行了新的、细致的分析与评价。

现代评论家蒂里亚特认为，应当这样认识弥尔顿的写诗过程：他是从广泛的经验中抽出某些基本的、简单的概念作为他的诗和散文的主导思想，表明人类是自由的，在一定程度上是能够主宰自己的命运的，而且都有向善的直觉；然而同时他们也受贪图安逸的坏思想的驱使，不能很好地发挥原有的善良本性。人类的感情冲动时常排斥他们的理智，使他们变成激情与冲动的奴隶。然而人类的自制与自强的思想是永远存在的。这些观念就是弥尔顿的所有作品的主题。

笛 福

英国小说家。生于伦敦，卒于伦敦。父亲营屠宰业，信奉不同于国教的长老会。笛福原姓福，1703年后自称笛福。受过中等教育，但未受过大学古典文学教育。一直保持不同于国教信仰的立场，政治上倾向于辉格党。

他早年经营内衣、烟酒、羊毛织品、制砖业，曾到欧陆各国经商。1685年参加蒙茅斯公爵领导反对天主教国王的叛乱；1688年荷兰信奉新教的威廉率军登陆英国，继承英国王位，笛福参加了他的军队。1692年经商破产。他曾充当政府的秘密情报员，设计过各种开发事业，同时从事写作。1698年他发表《论开发》，提倡筑公路，办银行，立破产法，设疯人院，办水火保险，征所得税，办女学等。1701年他发表一首讽刺诗《真正英国人》，认为没有纯种的英国人，反对贵族天主教势力，为外籍的信奉新教的威廉三世辩护。此诗连印9版。1702年发表政论《消灭不同教派的捷径》，用反讽手法，反对国教压迫不同教派人士，文笔巧妙，开始竟未被人识破。后被发觉，受到罚款和坐牢的惩罚，却被伦敦市民奉为英雄。在狱中他仿希腊诗人品达罗斯的颂歌体写了一首《立枷颂》（1703），讽刺法律不公。

1704年他为辉格党魁哈利（1661—1724）办《评论》杂志，主要为哈利的英格兰－苏格兰联合政府争取支持。此后11年间一直往来于英格兰、苏格兰之间，充当哈利及其继任者托利派戈多尔芬（1645—1712）的秘密情报员，搜集舆论。在此期间，他又因写文章而短期入狱。但从未终止为辉格党当政者搜集情报，办报，写文章。

笛福在59岁时开始写作小说。

1719 年第一部小说《鲁滨逊漂流记》发表，大受欢迎。同年又出版了续篇。1720 年又写了《鲁滨逊的沉思集》。此后，他写了 4 部小说：《辛格尔顿船长》（1720）、《摩尔·弗兰德斯》《杰克上校》（均 1722）和《罗克萨娜》（1724）。此外他还写了若干部传记，如《聋哑仆人坎贝尔传》（1720）、《彼得大帝纪》（1723）；几部国内外游记，如《新环球游记》（1724）、《罗伯茨船长四次旅行记》（1726）、《不列颠全岛纪游》（1724—1727，3 卷，导游性质）。他还有几部关于经商的书，如《经商全书》（1726）、《英国商业方略》（1728）和《使伦敦成为世界最繁荣都市之道》（1728）。他的《英国绅士全书》则在他死后于 1890 年刊印。

据说笛福曾与 26 家杂志有联系，有人称他为"现代新闻报道之父"。他的作品，包括大量政论册子，共达 250 种，无一不是投合资产阶级发展的需要，写城市中产阶级感兴趣和关心的问题。如《维尔夫人显灵纪实》（1706）对一个流行的鬼故事作了逼真的报道；《瘟疫年纪事》（1722）写 1665 年伦敦大瘟疫，把这场鼠疫的发生、传播，它引起的恐怖和人心惶惶，以及死亡数字、逃疫的景况写得如身临其境。当时法国马赛鼠疫流行，引起了人们的特别关注，笛福的作品满足了市民对鼠疫的好奇心。

《鲁滨逊漂流记》插图

笛福的鲁滨逊小说，以第一部流传最广，被认为是他的代表作。1704年苏格兰水手赛尔科克在海上叛变，被抛到智利海外荒岛，度过5年，最后得救，笛福受到这一事件的启发，写成此书。鲁滨逊不听父亲劝诫，出海经商贩卖黑奴，在海上遇险，流落荒岛28年，在岛上与自然斗争，收留了野人星期五，救了一艘叛变船只的船长，回到英国，又去巴西经营种植园致富。第二部写他旧地重游，以岛的主人自居，开化岛上居民，又视察巴西种植园，接着到世界各地冒险，包括中国和西伯利亚。第三部严格说来都是道德说教。

《辛格尔顿船长》写主人公幼年被绑架，当了海盗，在非洲和东方冒险致富的故事。《摩尔·弗兰德斯》被认为是笛福最好的小说，主人公是一个女贼的女儿，出生在监狱，被一个好心肠的市长收养。她靠勾引男子、多次结婚和偷窃为生，被判刑发配到美洲弗吉尼亚，与一前夫经营种植园终其一生。《杰克上校》写得最差，主人公幼年就沦为小偷，当过兵，被贩卖到弗吉尼亚，最后成为种植园主，回到英国。《罗克萨娜》的主人公是法国新教徒的女儿，流落在英国，嫁给了伦敦一个酒商，被遗弃，在英、法、荷等地沦为妓女，又嫁给一个荷兰商人，商人负债入狱，她也在悔恨中死去。

笛福的小说继承了文艺复兴时期西班牙流浪汉小说的传统，往往写一个出身低微的人，靠机智和个人奋斗致富，获得成功。社会不容许这种人出头，他或她只好不择手段，干一系列欺骗、盗窃以至出卖肉体的勾当。作者出于清教徒道德观，总是使他笔下的主人公表示悔恨，立誓不干坏事，但环境又一再迫使主人公违背誓言。

笛福对他所描写的人物理解较深，善于写个人在不利的环境中克服困难。他的主人公有聪明才智，充满活力，不信天命，相信"常识"。他尤其擅长描写环境，细节逼真，虚构的情景写得使人如身临其境，情节结构不落斧凿痕迹，不由得人不信服。他的语言自然，不引经据典；故事都是由主人公自述，使读者感到亲切。

华兹华斯

英国诗人。又译渥兹渥斯。生于英格兰坎伯兰郡科克茅斯一个律师家庭,卒于威斯特摩兰郡吕达尔芒特。8岁时母亲去世,被送到霍克斯黑德寄宿学校,直至1787年。其间他得以在当地湖山之间随意徜徉,这对他后来思想和艺术风格的形成有很大影响。他童年时能成段背诵诗人斯宾塞、莎士比亚和弥尔顿的作品。后在教师引导下接触了18世纪初期诗人和较后的模仿中古风格的诗人毕蒂和查特顿的作品。1783年他的父亲去世,他和弟兄们由舅父照管。妹妹多萝西则由外祖父母抚养。多萝西与他最为亲近,终身未嫁,一直与他做伴。1787年他进入剑桥大学圣约翰学院学习,熟读了希腊拉丁文学,学习意大利文、法文和西班牙文。1790年假期徒步去法国、瑞士和意大利旅行,初步接触到已历时一年的法国大革命和革命胜利后人民欢欣鼓舞的情景。大学毕业后,于1791年在伦敦小住数月,又在威尔士作了几周的徒步旅行。同年11月去法国,住在布卢瓦。他对法国革命怀有热情,认为这场革命表现了人性的完美,将拯救帝制之下处于水深火热中的人民,同时结识了许多温和派的吉伦特党人。他这时期的心情在长诗《序曲》中有详细的描写。

在法期间,曾与法国姑娘瓦隆相恋并同居,次年生了一个女儿。但这门亲事却遭到舅父们的反对。

1792年华兹华斯回到伦敦,仍对革命充满热情。这时他出版了一本诗集,收有《黄昏信步》和《写景诗》,前者是他早期作品中的佳作,主要描写自然景色;后者的最后部分是在法国所写,其中已经有了法国革命给人间带来自由、使自然更加生色的内容。这时他与政治思想家葛德文周围的激进派青年在一起,关注法国革命的发展。后来革命形势有变,华兹华斯在法国结交的朋友遭受镇压,随之而来的"恐怖时期"及各种骇人听闻的传说充斥英国，他因此感到十分痛苦，但对法国革命仍没有失去信心。他认为这些恐怖事件之所以发生是由于多少朝代以来积累的罪恶和愚昧已经达到了饱和点，不能归咎于革命。

这时华兹华斯经济上遇到困难，他父亲的有限的遗产因为发生法律纠纷暂时不能继承，他的舅父又对他的政治活动表示不满，不愿再予接济。正在走投无路时，一位一直同情并钦佩他的老同学去世，留给他900英镑，于是在1795年10月，他与多萝西一起迁居乡间，实现接近自然并探讨人生意义的夙愿。他仍关心政治，但毕竟不像在政治中心的伦敦，因而几年来被政治斗争风云所激荡的心灵逐渐平静下来，获得了他心目中诗歌创作的良好前提。另外，多萝西聪慧而体贴，给他创造了写作条件。

1795年，华兹华斯兄妹与诗人柯尔律治首次相见，很快结成了亲密的友谊。兄妹两人决定迁到柯尔律治住所附近，以便时相过从。

华兹华斯从柯尔律治的批评和鼓励中受益匪浅，他的勤恳踏实的工作作风也给柯尔律治不小的帮助，促使后者完成了若干首长诗。两位诗人交往的最重要的成果是1798年共同出版的诗集《抒情歌谣集》和1800年这部诗集再版时华兹华斯写的序言。这一集一序在诗歌的内容和形式上都引起了一场革命，在英国文学史上开创了一个新时代，即浪漫主义时代。以华兹华斯而论，这部诗集则是他在多萝西和柯尔律治的影响下克服了感情上的危机，恢复了思想上、感情上的平衡后的作品。这部诗集收有几十首诗，其中如华兹华斯的《丁登寺》和柯尔律治的《古舟子咏》等可称不朽之作。其他诗篇虽然不很突出，但整部诗集在英国文学史上却是自文艺复兴以来最重要的作品，开创了以发掘人的内心世界为主的现代诗风。华兹华斯在序言中认为诗集的主要特点是采用了农村下层人民生活的题材，加上诗人的想象，用日常语言加以描绘。

1798年9月至1799年春，华兹华斯同多萝西去德国小住，他创作了《采干果》《露斯》和短诗

《露西》组诗，同时开始写作长诗《序曲》。1802 年英法暂时停战，7月间华兹华斯同多萝西去法国，同瓦隆和他们的女儿卡萝琳会面，了却这段姻缘。回英国后，华兹华斯于 10 月间和相识多年的郝金生结婚。1802—1804 年他写了《不朽的征兆》一诗。这首诗和《丁登寺》都是华兹华斯以自然与人生的关系为主题的代表作，中心思想是大自然是人生欢乐和智慧的来源。这两首诗朴实深厚与流利清新兼而有之，是艺术上的杰作。

1803 年华兹华斯游苏格兰，写了《孤独的收割者》和记游诗，并与作家司各特会面。1805 年他在海军中服役的弟弟约翰死于海上，他写了《哀歌，为比尔城堡图作》。同年又写了《天职颂》，完成了《序曲》，后者直到他死后才出版。1806 年写了《快乐的战士》。1807年出版两卷本诗集，其中收入《决心与自主》和他大部分最好的十四行诗。这部诗集的出版结束了从1797—1807 年他创作生命最旺盛的 10 年。《序曲》一诗 20 世纪以来常被认为是华兹华斯最重要的作品。全诗共 14 章，描写童年和学校生活，剑桥生活，假期生活，图书，阿尔卑斯山漫游，伦敦暂居，从对自然的爱到对人的爱，法国旅居，想象力与趣味等。重点不在叙事，而是回忆他在各个时期的感受和思想，以此来总结自己作为一个诗人的成长过程。这首诗是研究华兹华斯的重要材料。他还计划写一首哲理长诗，总名为《隐者》，包含诗人对人、自然和社会的看法。第 1 部分就是《序曲》。第 2 部分是《漫游》，一共 9章，1814 年出版。第 3 部分只写了开头部分，于 1888 年华兹华斯死后以《隐者》为题出版。在思想内容和艺术形式上，《漫游》远不及《序曲》。

华兹华斯在 30 多年中写了不少作品，但佳作不多。值得注意的

《华兹华斯诗集》英文版

是他以古典神话为题材的《雷阿德迈亚》（1814）和《戴翁》（1816）两诗。这种主题成为浪漫派诗的一个特点，华兹华斯起了开创的作用，对后来的诗人很有影响。

自从拿破仑登上帝位，反拿破仑战争开始，华兹华斯对法国革命日趋失望，渐渐接受英国的传统制度（如英国国教等）。这种政治上的倒退与岁月俱增。1816年他又写了《一位法国保皇党人对迁葬堂吉安公爵遗体的感想》一诗，对一个被拿破仑处决的法国贵族表示同情，1836年又写了反对普选制的诗。在《序曲》中他曾赞扬1792年有人在议会中提出但没有通过的废止贩卖奴隶的议案；但1840年他在一篇讨论英国殖民地废奴问题的文章里竟说，在废除奴隶制后奴隶应当"赔偿奴隶主的损失"，并说主张立即废除奴隶制的人忘记了奴隶制有时"也有好处"。1813年，由于经济困难，华兹华斯接受了一位贵族朋友的帮助，谋得本郡的印花税员职务，每年收入400英镑。这件事引起原来钦佩他的雪莱的不满，曾写诗表示遗憾。拜伦本来就不喜欢华兹华斯，这时也写诗讽刺他。

《抒情歌谣集》出版时，华兹华斯并未受到重视；《序言》出版后，更遭到批评家的反对。1807年他的两卷集出版时仍受到批评界的攻击。但从19世纪初叶起，他在诗歌上的成就逐渐得到承认，在艺术上对雪莱、拜伦和济慈都有影响。1843年，华兹华斯被封为英国"桂冠诗人"。

奥斯丁

英国女小说家。生于英国汉普郡的一个小乡镇史蒂文顿，卒于温切斯特。父亲是当地的教区牧师。她没有进过正规学校，在家由父母指导学习，所受的全部教育就是阅读古典文学作品和流行小说。她终身未婚，家境小康，长期居住在封建保守势力相当强大的农村，生活圈子十分狭窄，所接触的主要是中小地主和牧师。她以女性的敏锐和细腻描绘周围小小的世界：有闲阶级恬静舒适的田园生活；绅士淑女的爱情和婚姻。这里没有可怕的灾祸和重大的矛盾，只有日常生活中的风波和人物之间的喜剧性冲突，格调是轻松诙谐的。

奥斯丁于20岁左右开始写作，共发表6部小说。1811年出版《理性与感伤》，受到好评。以后接连出版了《傲慢与偏见》（1813）、《曼斯菲尔德庄园》（1814）、《爱玛》（1815）。她逝世后的第二年，《诺桑觉寺》和《劝导》出版，第一次署了作者真名。

奥斯丁的代表作是《傲慢与偏见》和《爱玛》。这两部小说都写

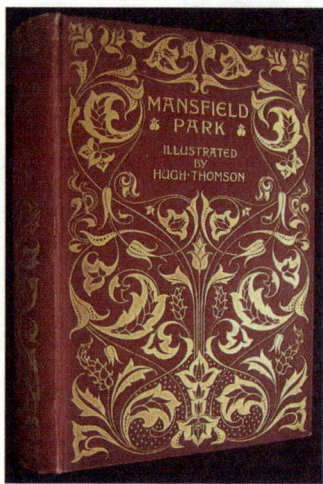

《曼斯菲尔德庄园》封面

爱情与婚姻，生动地反映了当时农村的阶级关系、风俗习惯和社会心理，衬托出18世纪末至19世纪初英国乡村生活的保守和闭塞。作者在这两部小说中通过几个乡镇中产阶级少女对终身大事的处理，表达了她的婚姻观：为了财产和地位而结婚是错误的，但结婚不考虑财产也是愚蠢的。

《爱玛》一般被认为是奥斯丁作品中艺术上思想上最为成熟的一部，与其他几部小说相比，它的现实主义成分增多，戏剧性的夸张减少，结构更为严谨。女主人公爱玛不再是理想化的人物，她既有单纯直率的一面，也有养尊处优的富家独生女的任性、势利、自以为是的一面。她把邻近的一个孤女哈丽叶特置于自己的保护之下，武断地安排她的恋爱和婚姻，屡遭失败。最后爱玛和哈丽叶特都结成了门当户对的婚姻。这表明作者已认为在中产阶级社会中，爱情和婚姻是与财产和社会地位相联系的。这部小说描写的婚姻，不再像《傲慢与偏见》中那样不计较门第，对世事也不那样乐观。

18世纪70年代以后，英国社会上充斥着庸俗无聊的"感伤小说"和"哥特小说"。奥斯丁最初的创作就是为了嘲讽这类流行小说。《诺桑觉寺》和《理性与感伤》两部作品是故意模仿"哥特小说"和"感伤小说"而作。后来她又进而以高超的艺术技巧，反映了18世纪末19世纪初尚未受到资本主义工业革命浪潮冲击的英国乡村中产阶级的日常生活场景，虽然反映的生活面不广，但扭转了当时小说创作的庸俗风气，在英国小说发展史上起到了承上启下的作用。

拜 伦

英国诗人。生于伦敦一破落贵族家庭。10岁承继男爵爵位，求学于哈罗公学和剑桥大学。成年后进入上议院，支持民主派，在讨论惩治捣毁纺织机的失业织工的法案时，发言替他们辩护。他在学生时代即已开始写诗，第二部诗集《闲暇的时刻》（1807）出版后受到《爱丁堡评论》的攻击，诗人乃答之以《英国诗人和苏格兰评论家》（1809）一诗，初次显示他讽刺才能的锋芒。1812年他的新作《恰尔德·哈罗尔德游记》一、二两章出版，风靡全英。《恰尔德·哈罗尔德游记》的动人之处，在于它结合了游记和抒情诗两者之长。它记录了拜伦在1809年游历西班牙、葡萄牙、阿尔巴尼亚、希腊、土耳其诸国的印象，充满异国风情。

以后，拜伦写了一系列长篇叙事诗，如《异教徒》（1813）、《海盗》（1814）、《莱拉》（1814），三四年之内共写了6首，都以东欧、西亚一带为背景，都有一个富于叛逆精神、不惜与命运抗衡的主人公，都充满浪漫情调，受到广大读者的欢迎，使得原来擅长于这类叙事诗的苏格兰作家司各特自叹不如，改而用散文去写历史小说。人们主要根据哈罗尔德和这些"东方叙事诗"的主人公而构筑起所谓"拜伦式英雄"的形象。

拜伦巩固了他在诗坛的地位，

然而在社会上却因私生活而受到越来越多的攻击。1816年初，他结婚才一年的妻子忽然离去，接着提出分居的要求，上层人士对他的攻击达到了高潮。他素来不喜欢英国上层社会的伪善和冷酷，现在又遭受毁谤，于是愤然移居意大利。

在意大利他参加烧炭党抗击奥地利占领者的活动，在诗歌创作上也进入更为成熟的时期。

首先，他写了《恰尔德·哈罗尔德游记》的三、四两章（1816、1818）。它们仍然是记游之作，只是地区转到了欧洲文明的中心，亦即比利时、法国、瑞士、意大利诸

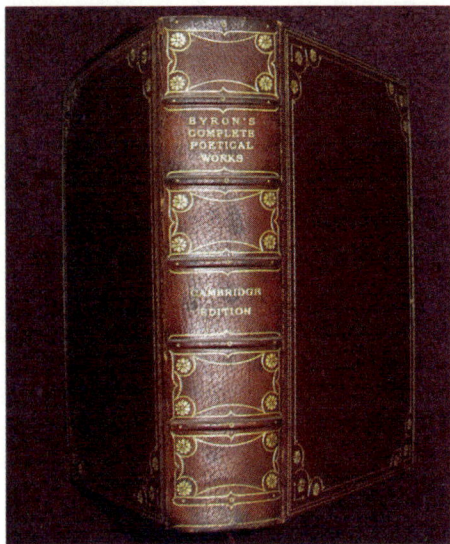

《拜伦诗歌全集》

国，诗人的历史感增强了，对周围事物的兴趣超过了对个人身世的感叹，因此诗也写得更为深刻。

同时，他又在一个新的领域——诗剧取得成就。从1817—1824年的8年中，拜伦完成了7部带有剧本性质的作品。一部是以主人公的名字命题的《曼弗雷德》（1817），写的是阿尔卑斯大山深处古堡中的一个神秘人物的最后日子。他有广博的知识，能够呼唤精灵，然而却只求速死，因为他犯了道德上的大罪，曾经造成了最爱的人的死亡。换言之，他并非浮士德，而仍然是一个拜伦式英雄。另外两部是中古"神秘剧"的仿作，其中《该隐》（1821）一剧利用了《圣经》中该隐杀弟的故事，但把重点放在对上帝的指摘和嘲笑上，因而剧本出版之后，引起了教会人士的激烈反对。该隐是一个叛逆者，但并不意气用事，他认为人既有了理性，就有权自始至终运用理性，因此当魔鬼要他在知识和爱之间进行选择的时候，他选择了知识，亦即他要了解一切，包括死亡在内。这是一个远较《曼弗雷

德》有意义的主题，诗也写得颇具魅力。

诗和剧的进一步结合，见于四部五幕长剧。其中《维纳》（1823）在舞台上得到成功，在艺术上却最弱。其余三部全是历史剧。写公元前7世纪亚述国王的转变和自焚故事的《撒丹纳巴勒斯》（1821）是动人的，然而不如两部写14世纪威尼斯政治人物的悲剧深刻。《福斯卡里父子》（1821）写执政者老公爵无法与元老院抗衡，只得听任他的儿子受刑至死，自己也被废黜，在继任者上任的钟声中倒地身亡。《马林诺·法里埃罗》（1821）叙述另一个老公爵在妻子遭受毁谤时却无法得到元老院的同情，于是转而同下层人民联合，准备推翻以他自己为首的威尼斯共和国，终因事机泄露而遭斩首。作者在这两部剧里用生动的情节描绘上层社会少数人掌权所造成的无情的压制，其主旨仍然是人必须为自由而斗争。

对于如何写诗剧，拜伦力主仿效法国新古典主义讲究结构匀称、情节集中的戏剧。在实践上，他徘徊于浪漫主义与古典主义之间，后期才写出既有重要主题又能符合舞台要求的历史剧。同时，他的诗笔也得到进一步的锻炼，写出了许多好台词，如曼弗雷德的沉痛独白，该隐的穷究天人之理的诘难，法里埃罗公爵关于荣誉与权力的滔滔雄辩，都达到了新的艺术高度。

更大的成就则是后期所写的讽刺诗。拜伦本有讽刺才能，这时又寻到一种适合的诗体，即口语化的伸缩性较大的意大利八行体。他先用它写了一首叙事诗《别波》（1818），内容是威尼斯的狂欢节中一个久别的丈夫回家，发现妻子已另有所欢，最后以一杯咖啡解决纠纷的故事，笔调亦庄亦谐，将狂欢节的热闹气氛和威尼斯人在爱情、婚姻上的轻浮风尚渲染得淋漓尽致，取得成功。

后来，他又用八行体写了讽刺长诗《审判的幻景》（1822）。原来桂冠诗人骚塞（1774—1843）也写有以《审判的幻景》为题的诗。骚塞一度是法国革命热烈的歌颂者，现在却写这首诗歌颂刚死的英王乔治三世如何进入天堂，以讨好王室。拜伦针锋相对，也用相同的体

裁，写这个又瞎又疯的英王如何在天堂的门口受到盘问和指责，成为讽刺艺术的典范。

在创作诗剧和讽刺诗的同时，拜伦一直在写一部巨著，即《唐璜》。从1818—1823年他离开意大利去希腊，共写了16章又14节，约计16 000行，虽未最后完成，已是世界文学杰作之一。这首"讽刺史诗"不为唐璜的故事所限，对19世纪初年的欧洲现实广为反映和评论，因而内容更丰富更有意义，写法也更富变化，在口语体诗歌语言的运用上则更达到前无古人的高峰。

1823年初，从希腊传来抗土斗争高涨的消息，拜伦放下正在写作《唐璜》的诗笔，毅然乘船去希腊一小岛，参加希腊志士争取自由、独立的武装斗争。他为希腊军筹款、购械、调停内部纠纷，表现了政治家和领导人的才能。然而他的身体不支，终于一病不起，死于希腊军中。

对于欧洲的广大读者，拜伦的行动是他的诗的最好的介绍，而他的诗产生了超过文字的影响。在西欧意大利、西班牙、德意志、法兰西等国，为自由和民族解放而斗争的志士更从拜伦的精神和行动中汲取力量。

他的影响也远及中国。在20世纪初，苏曼殊、马君武、胡适相继翻译《唐璜》第二章中的《哀希腊》歌，在知识界传诵一时。鲁迅的《摩罗诗力说》是第一篇论述拜伦及其影响的重要论文。后来拜伦的一些抒情诗和叙事诗也译成中文。中华人民共和国建立以来，他的作品的中译本更多，他的思想和诗艺也得到了研究。他的杰作《唐璜》也在1980年有了一个用格律诗体翻译的新译本，它标志着中国在文学翻译和拜伦研究两方面的新成就。

而在英国，拜伦的文名处于不稳定状态。《恰尔德·哈罗尔德游记》和"东方叙事诗"曾是风靡一时的畅销书，但以后的作品则引起了争论，如《唐璜》被认为"不道德"，《该隐》被斥为"离经叛道"。20世纪20年代，现代派的批评家又贬低拜伦运用语言的能力，认为他粗而不精，但是仍有众多的读者喜爱拜伦。近年来文学批评界的意见已渐趋一致，即认为拜伦诗路广，几乎每种诗体皆有佳作，而他的特长在于讽刺，善于运用亦叙亦议的体裁；在以口语入诗这一点上无人能及，而他的最卓越的代表作是《恰尔德·哈罗尔德游记》《审判的幻景》和《唐璜》。

雪 莱

英国诗人。生于苏塞克斯郡菲尔德庄园乡村地主家庭，卒于意大利斯佩齐亚湾。祖父是男爵，父亲依附辉格党当了议员。雪莱6岁学拉丁文，10至12岁在赛恩学馆学习算学、拉丁文、法文、地理、天文，听化学和物理的讲演。1804年进入伊顿公学，继续学习法文和德文。

1809年，他和一个朋友合写长诗《流浪的犹太人》（未出版），他自己写了传奇故事《柴斯特罗齐》和《圣安尔温》，还与他妹妹合写了一部诗集。1810年10月进入牛津大学。曾写了一篇哲学论文《无神论的必要性》，自费出版。这篇颇具挑战性的文章单纯从理性上探讨神的存在问题，分析了信神与不信神的论据，结论是"信神无据"，无神论是必要的。1811年2月，《无神论的必要性》在牛津的书店出现，被一位教士发现，立即逼着书店老板烧毁。一位教授接到雪莱寄给他的书，急忙赶到学校质询。3月，雪莱被开除出校。父亲要他认错，他加以拒绝，只好暂住伦敦。这时，一个同样也受到家庭压力的姑娘、雪莱妹妹的朋友海里霭·威斯布鲁克，请求雪莱的保护，并愿意和他出走。雪莱出于同情表示同意。1811年8月，在离开牛津以后5个月，雪莱和海里霭出走，在爱丁堡结婚。

顽固的父亲停止对雪莱的接济，造成他生活的困难。但这没有挫伤他革命的锐气。1812年2月，他和海里霭渡海到了宗教和民族矛盾交织的爱尔兰。爱尔兰长期受英国政府的压迫，曾在法国革命的影响下发动反叛，遭到镇压。总是同情弱小的雪莱，出发前就准备了《告爱尔兰人民书》，到达都柏林以后，他自费印刷并在街道散发。在这封公开信中，雪莱主张戒酒、济贫、读书、讨论，做有道德有智慧的人，以博得国际的尊敬和支持，取得民族自由和宗教解放。

1812 年 7 月，一个素不相识的出版商因为出版潘恩鼓吹人权的著作《人权》而被拘捕，雪莱写信给起诉检察官爱伦勃罗勋爵，为出版自由提出申辩。9 月，雪莱到北威尔士的特里马德克村，为当地修筑一条围海造田的长堤发起募捐。这表明雪莱忠于理想，并力求以行动去实现理想。

这时，雪莱读了葛德文的《社会正义》一书，这是当时在英国思想界极有影响的一本鼓动社会改革的著作。它批判现实社会，提出了未来社会的设想。中心思想是通过教育改革社会，受过教育的人律己从严、不损公利己。刑罚制度应该改革；在已经不存在爱情的情况下还硬要维持夫妇关系，这种婚姻制度是不能容忍的枷锁。雪莱一生抨击不合理的社会制度，但主张用教育手段改革社会，又主张纯洁的自由的爱情，都是受葛德文的影响。

1814 年 6 月，雪莱访问葛德文，并和他 17 岁女儿玛丽成为朋友。玛丽对雪莱产生了爱情，葛德文与海里霭都表示反对。1814 年 7 月 27 日，雪莱与玛丽私奔瑞士。6 个星期后又回到英国。

1815 年 1 月，雪莱的祖父去世。雪莱的父亲确定雪莱每年得津贴 1000 英镑，同时偿还了雪莱历年在外的欠债。从这年秋季起，雪莱逐渐进入创作的盛年。1816 年 5 月到瑞士，初识拜伦，两人住日内瓦湖畔，驾小艇互访。9 月，雪莱回英国。12 月，海里霭溺死在伦敦海德公园河中。1818 年 3 月，雪莱最后离开英国前往意大利，和拜伦同住地中海海滨，一起泛舟、骑马、射击、谈诗。雪莱佩服拜伦诗才豪放，拜伦爱雪莱纯洁无邪。1822 年 7 月 8 日，雪莱与友人驾帆船从莱格亨港返回莱里奇港住所，出海（斯佩齐亚湾）后不久，暴风突起，舟沉身死。10 天后，尸体在海滨发现。拜伦参与了火化。骨灰葬于罗马新教徒公墓。

雪莱最早一首长诗是他在1813年自费出版的《仙后麦布》。在诗里，仙后使用仙法请少女伊昂珊和她驾车出游，纵览宇宙的星系，俯看地上蚂蚁般的人群。仙后对人间事物进行评论，作为对伊昂珊（雪莱有一个女儿也叫伊昂珊）的教育。雪莱在诗中谴责基督教，认为它挑起人们的争吵和仇恨。他反对买卖制度，在它之下，甚至爱情也可以买卖。他憎恨现有的财富分配，认为除了人的劳动以外不存在

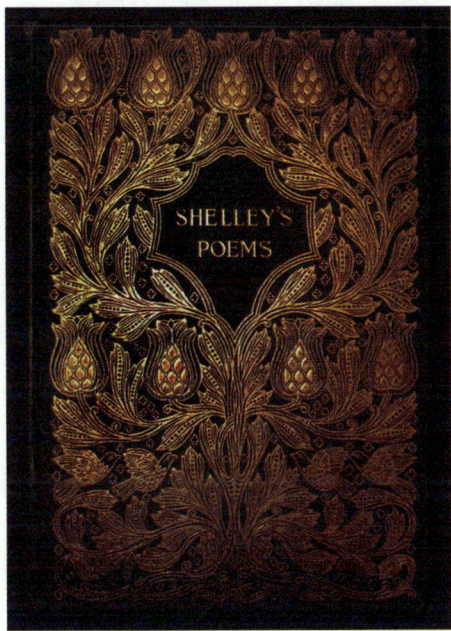

《雪莱抒情诗集》封面

财富。雪莱还认为世界永恒，有恶，也有治恶之方。正是在流离荒乱之年，有大智大勇出现。这种把人类的希望寄托于大智大勇的思想，也表现在雪莱另一首诗《莱昂和西丝娜》（1817）之中。这首诗写在法国革命遭受挫折、君主复辟之后不久，旨在鼓舞革命的信心。诗又名《伊斯兰的反叛》，主题是对旧势力的反抗。莱昂和西丝娜是神话里的一对情侣，为了理想，在一个名叫"黄金的邦国"里造了反。造反者起初取得胜利，赶走了暴君，不久暴君反攻得手，莱昂被放在烈火中焚烧，西丝娜赶到，要求与莱昂一起死在火中。接着，火中发出巨响，大烟球猛啸着卷走了柴堆以及暴君和他的臣下。莱昂和西丝娜漫游在长河之上，深深懂得大智大勇在地面上不易被人发现，却能经受变幻，以最美的形式存在下去。雪莱以这一结尾表达对法国革命和人类解放的信心。

1818年底，雪莱从英国到意大利居住，从阳光淡薄的岛国进入明媚温丽的地中海，经常以云彩、山花、流水、飞鸟入诗。罗马碧蓝

的天、怒放的春花和醉人的春意，触发了他巨大的创作热情。他接连完成了三幕诗剧，后来又增写了第四幕，这便是《解放了的普罗米修斯》。诗剧的特点是为普罗米修斯立了新的形象，从一个对天神宙斯妥协的人变成不屈的斗士。雪莱一生就是对人类任何形式的压迫进行斗争，他的普罗米修斯体现了这一斗争精神。

在雪莱的诗剧里，锁在悬崖的普罗米修斯每天有天鹰咬他的心（古神话说咬他的肝），历经3000年，他不悲泣，也不向宙斯（雪莱诗里用拉丁神名朱庇特）求饶。他深信朱庇特的末日终将来到。在诗剧的第三幕里，除恶之神乘时辰之车向朱庇特皇座驶去，朱庇特劫数已到，沉入地狱，普罗米修斯终得解放。

雪莱的这个剧有继承也有创新。诗剧里的除恶之神名叫窦木蒿根。他是公元4世纪神话中的神，雪莱用他来补充古典的神话。诗剧继承了希腊悲剧的特点。第一幕开场，普罗米修斯用大段的无韵诗申述3000年的折磨，接着有高山之

神、泉水之神、空气之神、旋风之神等，以有韵诗申述90万年的沧桑，形成一种宇宙的悲凉；第四幕全是有韵的歌唱，精灵、鬼灵、时辰之神、地球之神、月亮之神，或对唱，或半合唱，最后是全体（包括窦木蒿根）大合唱，普天同庆解放。这一诗剧是一个近代诗人融合希腊形式和现代革命思潮的杰作。

1819年完成的还有五幕悲剧《钦契一家》。剧用无韵诗写成，句子轻快，几乎全是白话。剧本所根据的是16世纪末在意大利发生的一件案子。拥有宫室庄园的钦契伯爵是教皇的宠信。他暴戾成性，害死儿子，强奸女儿，却以金币与葡萄园贿赂教皇，得以无事。女儿忍无可忍，雇用刺客杀死钦契，被处死刑。雪莱写钦契的狂暴，同时又写他对天主教的虔诚。钦契的女儿是兽性与教会权势结合下的牺牲者，是一个悲剧人物。这是雪莱写剧的用意。

1819年8月，曼彻斯特6万群众集会，要求取消《谷物法》。骑兵冲入密集的人群，死伤600人。雪莱在意大利听到这个消息，

写诗抗议。最长的一首是《暴政的行列》。行列为首的是谋杀、欺诈、虚伪以及其他破坏者，最后是暴政，额上写着"我乃上帝，人王，法律"。行列象征对人民的镇压，反动政府的内阁大员在行列之首。雪莱在诗里有意使用短句和劳动人民能懂的语言，要劳动人民认识到自己的力量。雪莱为支持英国人民的抗议运动而写的诗还有《致英国人之歌》《1819 年的英格兰》和《致自由主张者的颂歌》。这些诗中的名句，成为后来劳工运动如宪章运动中传诵的歌词。

1819 年，雪莱还写了著名的《西风颂》。全诗 5 节，第 1、2、3 节写西风扫落叶，播种子，驱散乱云，放释雷雨，把地中海从夏天的沉睡中吹醒，让大西洋涂上庄严秋色；第 4 节写诗人希望和西风一样不受羁绊，迅猛，鄙视一切；第 5 节是诗人的嘱咐：愿你从我的唇间吹出醒世的警号，/西风哟，如果冬天已经来到，春天还会遥远？

从 1820 年起直至生命终止的两年半中，雪莱写了不少歌颂南欧民族革命的诗，如《那不勒斯颂》《自由》《自由颂》，都是赞美民族自由的诗。抒情的创作有《云》（"我从大海江河取水，给口渴的花儿带来一阵好雨。"）《致云雀》（"翱翔以歌唱，歌唱复翱翔"）、《致月亮》（"你苍白的脸，可是因为攀九天太累？"），还有一首仿佛预感死期将至的《悲歌》（"生乎，世乎，时乎，岁月不我予乎？"）。这个时期的较长的诗有《阿多尼斯》和抒情诗剧《希腊》。《阿多尼斯》是纪念诗人济慈而写的哀诗。《希腊》写当时侵占希腊的土耳其国君穆罕默德对 1821 年希腊各地人民起义的惶恐，以暴君下台、人民赢得自由而结束。雪莱的最后一篇诗作是《生命的胜利行列》，它似乎要写从文艺复兴到 18 世纪启蒙时期的人生理想，但只写了 504 行，没有完成。

雪莱的散文和他的诗一样，也具有明快的节奏。文评家说《告爱尔兰人民书》中有的段落可以很容易排成无韵诗。雪莱的许多记述瑞士、意大利景物的书信，读来像散文诗。

长篇论文《诗之辩护》写于

1821 年，1840 年出版。当时，雪莱在英国的一位素所敬重的朋友皮科克写了一本书，名为《诗的四个时期》，论述诗在古今文学中不同的地位。皮科克认为，诗在原始社会能起教育作用，但是随着人类文明的进程，诗在理性占上风的社会里已不合时宜。雪莱为此在《诗之辩护》中温和地批判了皮科克的见解。这篇文章雪莱预备写三部分，但只写了第一部分。

雪莱最完整的作品集是 10 卷本《珀西·比希·雪莱全集》，1926—1930 年出版，殷本和佩克合编。此书特点是诗、散文、书信及少年习作都尽量罗致其中。雪莱最详细的传记是两卷本《雪莱》，作者怀特，1940 年出版，此书的特点是历史资料翔实，附有详细索引。

济 慈

英国诗人。生于伦敦，卒于意大利罗马。父亲以经营马车行为业，生活比较富裕。1804 年父亲去世，母亲再嫁，济慈和两个弟弟由外祖母收养。1810 年母亲病故，外祖母委托两名保护人经管他们弟兄的财产。1811 年，济慈由保护人安排离开学校，充当医生的学徒。他对医学并不厌弃，但也喜好文学，并在中学好友克拉克的鼓励之下开始写诗，模仿伊丽莎白时代诗人斯宾塞。1815 年 10 月，济慈进入伦敦一家医院学习。这时他已热爱写诗，深受诗人亨特和华兹华斯的影响。1816 年 5 月在亨特所编《检察者》杂志发表十四行诗《孤寂》。1816 年 7 月，通过考试获得内科医生执照，继续学习外科。同年夏写成十四行诗《初读查普曼译荷马史诗》。10 月间经克拉克介绍，与亨特相识，并与雪莱、哈兹里特、兰姆等人来往。11月间，济慈决心从事文学创作，通知他的保护人，放弃学医。

1817年，济慈出版第一部诗集，其中大多带有模仿的痕迹，但也有佳作，如上述的读荷马史诗的十四行诗和《蟋蟀与蚱蜢》等，而《睡眠与诗》则表露了济慈的创作思想，即诗应给人们以安慰，并提高他们的修养。诗集出版后得到好评。4月，济慈写作长诗《恩底弥翁》，以凡人恩底弥翁和月亮女神的恋爱故事为题材，虽嫌松散，但已显出他对周围世界中的美的境界的敏感和独特的语言表达能力。与此同时，济慈也形成了许多对哲学和艺术的观点，其中著名的有"天然接受力"的思想。根据济慈的解释，在一个大诗人身上，对美的感受能压倒或抵消一切其他的考虑，如莎士比亚就突出地具有这种能力。

1817年冬，济慈在伦敦与华兹华斯相见。虽然他仍然钦佩华兹华斯的诗，却不喜欢他的为人，与亨特也渐渐疏远。

1818年3月，济慈去外地照顾患病的弟弟托姆。这时他写成取材于薄伽丘的《十日谈》的叙事诗《伊萨贝拉》。他的思想发生了很大的变化，从强调感官享受转而强调思想深度。长诗《恩底弥翁》出版后，有三家保守的杂志进行指摘，甚至对济慈进行人身攻击。但这并没有使他灰心，或像传说那样使他过早去世，他更加自信地向友人说："我想在身后是能名居英国诗人之列的。"他立即开始写作以希腊神话中新神和旧神的争夺为题材的史诗《许佩里翁》，使用无韵

《伊萨贝拉》插图

诗体。在他弟弟去世前完成了两章。在这期间他认识了始终爱慕的女友芳妮·布劳恩（1800—1865）。1819年1月，济慈写成长诗《圣爱格尼斯之夜》，这首诗采用了类似罗密欧与朱丽叶故事的情节，绚丽多彩，表达了对托姆去世的哀悼和对他与芳妮关系的忧虑。1819年又开始写《圣马克之夜》，但未完成。

1819年春夏之间，济慈写成他的传世之作，如颂诗中的《夜莺》《希腊古瓮》《哀感》《心灵》和抒情诗《无情的美人》，十四行诗《灿烂的星，愿我能似你永在》等。它们和上述的《圣爱格尼斯之夜》以及早期的十四行诗《初读查普曼译荷马史诗》等，成为济慈诗作的精华，也是英国诗歌中的不朽之作。

同年，济慈开始写作以蛇化美女的神话为内容的抒情诗《莱米亚》，同布朗（1787—1842）合写剧本《奥托大帝》，并改写《许佩里翁》。9月间还写了具有丰实静谧之美的《秋颂》。10月，济慈在伦敦同芳妮订婚。但他这时因看护托姆而感染了肺结核病。1820年

7月，他的诗集《莱米亚，伊萨贝拉，圣爱格尼斯之夜和其他》出版，反应良好。9月间他遵医生之嘱，由友人陪伴去意大利休养，但终于不起。遵照他的遗言，墓碑上写着："此地长眠者，声名水上书"。

济慈在短促的一生中留下了不少著名的诗篇。他的诗作诗中有画，色彩感和立体感甚强。这和他的"天然接受力"的思想有密切关系。他曾说他可以深入到一只麻雀的性格中去，同样"在瓦砾中啄食"。他在《伊萨贝拉》中对伊萨贝拉的两个贪婪的哥哥的三段描写，曾被萧伯纳称为集中表现了马克思谴责剥削者和剥削制度的思想。

济慈是英国浪漫主义诗人中最有才气的诗人之一，他的诗对后世的影响很大，维多利亚时代诗人丁尼生、布朗宁，后来的唯美派诗人如王尔德以及20世纪的"意象派"诗人都受到他的影响。

济慈的书信不仅有传记价值，而且也包含着有关诗歌和哲学的精辟见解。

狄更斯

英国小说家。

生平 生于朴次茅斯的波特西地区，卒于查塔姆附近。父亲是海军中的小职员，嗜酒好客，经常入不敷出。10岁时，全家被迫迁入负债者监狱，11岁起承担了繁重的家务。他只上过几年学校，主要靠自学和深入生活获得广博的知识和文学素养。16岁时在一家律师事务所当缮写员。后担任报社的采访记者，熟悉议会政治中的种种弊端。24岁时与报社出版人霍加斯的女儿凯瑟琳结婚。他在采访之余开始文学创作。一生刻苦写作。晚年常常白天写作，晚上被邀请去朗诵自己的作品。繁重的劳动、家庭和社会上的烦恼，以及对改变现实的失望，损害了他的健康。1870年在写作小说《艾德温·德鲁德之谜》时去世。

创作 他的作品反映了宪章运动时代人民群众的情绪和要求，但他始终是个改良主义者。他同情劳苦人民，又害怕革命。他抨击资本主义制度，不断揭露它的罪恶，但他不主张推翻这一制度。他希望通过教育和感化来改造剥削者，并依靠他们的善心和施舍来消除社会矛盾。他以生动、幽默的笔触，真实、深刻地反映了生活。在他从事创作的34年中，写了14部长篇小说（其中有一部未完成），许多中、短篇小说，以及杂文、游记、戏剧等。狄更斯的创作大致可分为四个时期。

早期（1833—1841） 狄更斯开始文学创作时，先为伦敦的《晨报》等撰写特写，主要表现伦敦城乡的风俗人情和景物、对生活的爱和憎。1836年出版了《特写集》。1837年第一部长篇小说《匹克威克外传》开始在报上连载。作者通过匹克威克和他的"匹派"挚友的游历，暴露当时英国现实生活的黑暗，描绘了作者心目中的"古老的、美好的英格兰"，反映了作者向往不受封建压迫和资产阶级剥削的思想与乐观主义情绪。作者还

《匹克威克外传》插图

批判了英国的议会制度、法律、司法、监狱等，以轻松幽默的笔调描述绅士、车夫等各种人物，宣扬实施道德教育的理想。这部小说在结构上颇为松散、拖沓，但它把平民作为主人公是前所未有的。它是狄更斯现实主义小说创作的第一个成果。

《奥列佛·特维斯特》（一译《奥列佛尔》，1838）是狄更斯第一部动人的社会小说。通过孤儿奥列佛的遭遇，揭开了处于社会底层的人们哀苦无告的生活画面。奥列佛在贫民习艺所不堪忍受屈辱与饥饿，逃往伦敦，陷入贼窟，最后被"有德行的"资本家挽救出来。但作者在这里也揭露了资产阶级伪装

慈善的面目，显示出他当时创作思想的深度。

长篇小说《尼古拉斯·尼克尔贝》（1839）塑造了资产阶级掠夺者的形象，揭露了小生产者在庞大的工业资本的排挤与压迫下的贫困与破产。作者通过教员尼古拉斯·尼克尔贝的经历，揭露了英国教育制度的黑暗。当时所谓为穷人兴办的学校，成了牟利的场所，学生只能吃半饱，鞭笞成了主要的教育手段。小说中随处可以看到作者用愤懑的笔触痛斥资产阶级的虚伪与贪婪。

《老古玩店》（1841）描写资本主义社会中小资产者的悲惨命运。作者寄予深切同情的屈兰特老汉在伦敦的小胡同内开了一家古玩店，无人光顾。老汉把一切不幸归咎于"命运不济"。他要跟命运做斗争，企图在赌博中致富，结果反而把古玩店输给了高利贷者。他和小孙女耐儿都被逐出店门。二人后来流

落到了偏僻的乡村，先后在苦难中死去。

这一时期，作者在揭露社会矛盾方面不断深化，对资本主义社会的批判越来越深刻。但作品的基调仍是乐观主义的，反面人物大多被漫画化，而矛盾总是在资本主义制度和社会内部得到解决。

国外旅行时期（1841—1847）

虽然狄更斯在早期的作品中已对资本主义采取了批判态度，但他认为英国的资本主义民主制度可以按照美国的模式进行改良。1841 年他去美国旅行，对美国也感到失望。他在《美国札记》（1842）中揭露了美国社会的阴暗面：国家机关贪污腐化，人民贫困，监狱中的囚犯受到惨无人道的对待等；而对黑人的奴役，更加引起了他的愤慨。长篇小说《马丁·朱述尔维特》（1844）揭露了英美资产阶级的互相欺诈、贪婪、伪善以及"一切为了金元"的基本原则。书中的主要人物约纳斯·朱述尔维特是资产阶级的典型代表。

1844—1847 年，狄更斯旅居意大利、瑞士和法国。这一段时间的作品有《圣诞故事集》，其中包括《圣诞欢歌》（1843）、《钟声》（1844）、《炉边蟋蟀》（1845）等。这几部作品更为明显地表现了作者调和社会矛盾的幻想和感伤失望的情绪。《圣诞欢歌》写一个吝啬的老商人史克罗奇在圣诞前夜让他的雇工们一直工作到最后一分钟。夜里有五个幽灵带他周游全市，让他看到穷苦人家的善意和硬心肠的人的下场。于是他皈依了圣诞精神，变为慷慨仁爱的人。此后 5 年中，狄更斯几乎每年都以同样的精神写圣诞故事，劝人为善，普天同庆。作者在《钟声》中抨击了当时为资本主义辩护的马尔萨斯的学说、曼彻斯特学派的自由竞争原则和边沁的功利主义。

后期（1848—1861）

这是狄更斯创作的繁荣时期。由于英、法革命运动的失败，资产阶级的反动势力更加嚣张，狄更斯对社会的认识不断深化，作品反映的社会生活也更加广阔。他着力描写小人物的善良、温情和道德感化的力量。乐观主义精神已被沉重、苦闷的心情和强烈的愤懑所代替。这时主要的作品有《董贝父子》《大卫·科波菲尔》《荒凉山庄》《艰难时世》《小杜丽》《双城记》和《远大前程》等。这些作品的主题思想不断深化，艺术风格也与以前有所不同。

《董贝父子》（1848）是这一时期的重要作品，也是狄更斯创作道路上的转折点。作品揭露了资本主义制度本身不可克服的矛盾和它遵循的利润高于一切的原则。过去作品中经常出现的"善良的"资产者已不复存在。作者塑造了英国资产阶级的典型形象。主人公董贝认为自己是统治全世界的社会力量的代表，地球是专为董贝父子公司在它上面进行贸易而制造的，太阳与月亮是为了给公司照明才存在的，他的妻子的全部效能是给公司养个继承人，她的死等于他丢失了一件小日用品。他教育儿子金钱可以买到一切。他的冷酷、骄傲、睥睨一切的态度体现了资产阶级金钱万能的法则。

《大卫·科波菲尔》（1850）是半自传体小说，其成就超过了狄更斯所有其他作品。它通过一个孤儿的不幸遭遇，描绘了一幅广阔而五光十色的社会画面，揭露了资产阶级对劳动人民的剥削，司法界的黑暗腐败和议会对人民的欺压。小说最后仍以一切圆满作为结局，表现了作者的一贯思想。

《荒凉山庄》（1853）是一部色调阴沉、寓意深刻的作品。作者一开头就以散文诗的笔法描写了11月间伦敦的大雾和泥泞的道路，象征贪污、腐败和坑害人民的英国司法机构。小说描写了一件争夺遗产的诉讼案，由于司法人员从中营私，竟拖延20年，仅诉讼费就把一对青年男女所应继承的遗产全部花光。这场官司的结果是有关的人死的死、疯的疯。

在《艰难时世》（1854）中，作者以漫画式的手法描绘资本主义社会的丑恶现象，提出了劳资对立的社会问题。作者描写了工人凄惨的生活，表现了他们的觉悟不断提高的过程，也反映了宪章运动中拥护暴力和拥护道德力量的两派之间的斗争。作者不赞成以革命手段解决劳资矛盾，而主张用爱来调和矛盾。但在阶级之间的冲突上，作者还是站在工人方面反对资产阶级。

《艰难时世》是19世纪重要的社会小说。罗斯金认为它是狄更斯小说中最好的一部。

《小杜丽》（1857）是作者后期作品中重要的一部，它以象征性的手法描写了马歇尔西监狱，概括了整个英国社会的本质。小杜丽全家老小因无力偿还债务而先后被处终身监禁的情节，揭露了政府机关的官僚制度。作者塑造了朴实、善良、富于自我牺牲精神的小杜丽的形象，作为崇高的道德理想的化身，同时也对残酷无情的利己主义的化身克伦南姆夫人、贪财成性的主教加斯贝、用漂亮的外衣掩盖肮脏的灵魂的银行家麦多尔，以及盘剥有方的房东等人，作了淋漓尽致的描绘。

《双城记》（1859）在狄更斯的作品中占有特殊地位，它更能反映作者思想的发展，更深、更广地概括了时代的精神。小说以法国大革命为背景，通过一个因揭发贵族罪行被监禁18年的医生曼奈特的经历和一个农民的小孩死在贵族的马车之下的情节，反映了封建贵族对人民的迫害，预示革命必然到来。

《远大前程》（1861）是一部具有深刻社会意义和强烈艺术感染力的小说。主人公匹普是个孤儿，由姐姐抚养，受雇于地主郝薇香家，与地主的养女艾丝黛拉相爱，一心想成为上等人。他无意中搭救的一个逃犯，在国外发财致富，为报答救命之恩，送他去伦敦接受上等教育，并让他继承一笔遗产。正当匹普满怀希望之际，艾丝黛拉却另嫁他人。同时由于逃犯就擒，遗产被充公，匹普只好赴海外谋生。后回国与艾丝黛拉相逢时，得悉她的丈夫已死，饱经忧患的一对情人终于结为伴侣，离开了象征着吞噬一切的地主郝薇香的颓败的旧宅。

这一时期狄更斯的艺术风格也有所丰富与发展，他的作品中幽默和讽刺逐渐减少，感伤、压抑的情绪和紧张的戏剧情节占了上风。

晚期（1861—1870） 狄更斯晚年的处境非常不幸。由于辛勤的写作而损伤了健康，与妻子的不和使他的心情十分沮丧；同时他又感到了资本主义危机的深重，因此，以近乎绝望的心情写完小说《我们共同的朋友》（1865）。长篇小说

《艾德温·德鲁德之谜》是狄更斯得了轻度中风之后着手写的，未及完稿即去世。这是一部戏剧性很强的侦探小说，结构严谨，充满悬念。

文学成就　狄更斯经常被说成是伟大的幽默家，但更重要的是文学上伟大的革新家。他描写为数众多的中、下层社会的小人物，这在文学作品中是空前的。他以高度的艺术概括、生动的细节描写、妙趣横生的幽默和细致入微的心理分析，塑造了许多令人难忘的形象，真实地反映了英国19世纪初叶的社会面貌，具有巨大的感染力和认识价值，并形成了他的独特风格。他反映生活广泛、多样，开掘深而有力。他不采用说教或概念化的方式表现他的倾向性，而往往以生动的艺术形象激发读者的愤慨、憎恨、同情和热爱。他笔下的人物大多有鲜明的个性。他善于运用艺术夸张的手法突出人物形象的某些特征，用他们习惯的动作、姿势和用语等揭示他们的内心生活和思想面貌。他还善于从生活中汲取生动的人民的语言，以人物特有的语言表现人物的特点和性格。狄更斯的创作具有浓重的浪漫主义气息，他所描写的事物似乎也都是有某种能与人物的感情、气质相契合的"灵性"，增强了作品的感染力。

狄更斯的文学成就对世界文学的影响是巨大的。他的作品很早就被介绍到中国。1908年林纾与魏易同译了《块肉余生述》（即《大卫·科波菲尔》）、《贼史》（即《奥列佛·特维斯特》）和《孝女耐儿传》（即《老古玩店》）。此后，又陆续翻译出版了狄更斯的多种重要作品，受到广大读者的喜爱。狄更斯在创作中表现的人道主义与社会批判精神以及艺术技巧，对中国现代小说创作有很大的影响。

哈　代

英国诗人、小说家。1866年开始文学创作，持续终生。他早期和中期的创作发展了维多利亚时代的英国文学，以小说为主；

晚年又以他的诗作开创英国 20 世纪的文学，因此可以称为跨世纪的作家。

哈代生于英国西南部多塞特郡多切斯特的上博克汉普顿村，卒于多切斯特。父亲是石匠，爱好音乐，多年来都是教堂乐队的成员。这对于哈代在音乐方面产生了很大影响。母亲特别注意对他的教育，在他上学不久就让他阅读 17 世纪英国诗人德莱顿翻译的罗马诗人维吉尔的诗集，鼓励他研习古典文学，给哈代以更大的影响。

哈代 8 岁开始在村里上学，一年以后转到郡城一所学校，学习拉丁文和拉丁文学。1856 年离开学校，给一名建筑师当学徒，接触到语言学家、诗人巴恩斯（1801—1886），在他的影响下，哈代探索了文学和哲学的源泉，品尝到了文学和哲学的美妙。同时，因曾希望将来成为牧师，又自学希腊文，以便阅读希腊文《圣经》。此外他还读了不少神学著作。农村生活尤其使他深深得益，他对农村的景色、风俗习惯、农民所用的语言，特别是农民的生活以及他们的性格、感情、爱憎好恶，无一不熟悉深知。

1862 年，哈代前往伦敦，在著名建筑师布洛姆菲尔德手下当绘图员，同时继续钻研文学和哲学，并在伦敦大学皇家学院进修近代语言，特别是法语。1867 年，因身体不能适应伦敦气候，重返故乡，仍操旧业。1874 年结婚，婚后曾作欧陆之游。1885 年，哈代在多切斯特郊区自建马克斯门住宅，遂在此定居直至逝世。

哈代的文学创作以诗歌开始，后因无法以写诗维持生活，转而从事小说创作。他于 1867—1868 年开始写小说，1871 年发表第 1 部长篇小说《计出无奈》。一般批评者认为，这部小说受了一个前辈小说家的劝告和当时的流行小说的影响，以情节曲折、耸人听闻为主。1872 年发表的第 2 部小说《绿林荫下》不事粉饰地反映了威塞克斯（哈代用作其绝大部分小说背景的英国西南部一个地区的总称）农村的生活。在哈代的小说中，以圆满的爱情作结束的很少，此为其中一例。这部作品开始了一系列哈代称之为"人物与环境的小说"。

1873年，哈代发表第3部小说《一双湛蓝的秋波》。在这部小说中，哈代首次突出表现了人生遇合如何受到命运或"偶然"的残酷嘲弄和戏谑。

1874年哈代发表第4部小说《远离尘嚣》。这是他第1部得到一致赞扬的小说。一般批评家称它为田园小说，它写多塞特郡一处农村的生活。但它所写的农村生活，较之《绿林荫下》有更深刻的意义。它告诉读者，在远离尘嚣、与外界隔绝的地方，也和在人烟稠密的城市一样可以发生人生的悲剧。书中女主角拔示巴是哈代所塑造的成功的女性典型之一。她美丽聪慧，富于才华而又精明强干，但好尚虚荣。她先后为3个男子所追求，却惑于外表而选择了一个青年军官。后几经曲折，始与最初的求婚者结合。哈代在这部小说中对自然景色的描写、人物性格的刻画等，已达到成熟阶段，特别是显示了他的幽默天才。全书虽以爱情圆满的结局告终，但悲剧的气氛多于喜剧。

1878年，哈代发表了他的重要小说《还乡》。这部小说反映了工业资本侵入农村宗法制社会后产生的种种矛盾。女主人公游苔莎高傲，耽于空想，她嫁给在巴黎当过钻石商店经理的青年姚伯，希望他带自己离开荒原，但未能如愿。在发生了一连串误会和不幸事件后，她在黑夜出走，失足溺水身死。而姚伯回乡想为乡里谋福利，却得不到人们谅解与支持，最后作了传教士。小说中景物描写占有突出地位。作为小说背景的埃格登荒原体现了大自然的严酷无情，而软弱的人类却无法掌握自己的命运。书中对埃格登荒原的描写是英国小说中为数不多的散文佳作。

1886年哈代发表了另一部重要小说《卡斯特桥市长》，这部小说也强调了命运对人的冷酷无情。束草工人亨查德酒醉后在庙会上把妻女卖给过路水手，酒醒后悔恨不已，发誓20年不再饮酒。此后他勤奋努力，发家致富，担任卡斯特桥市长，妻子也携女归来。但就在他否极泰来之时，又一次因性格的弱点而受到命运的拨弄：他生性倔强执拗，与合伙人争吵分手，事业遭到失败，卖妻女的丑闻终于泄露。妻子死去，女儿也被充当水手的养父认领而去，他一身贫困孤独地死于荒原上的草棚中，留下遗嘱，倾诉了对人生的愤慨。这是哈代唯一的一部不以农村、而以市镇为背景的小说。这部小说缺乏前几部作品中的诗意，情调更为严峻。主人公尽管为年轻时铸下的大错努力赎罪，仍然无法逃脱厄运。

紧接这部小说发表的是《林地居民》（1887），以多塞特郡中沿布莱克穆尔河谷一带林地为背景，写林地居民温特贲对木材商的女儿格蕾丝的忠诚爱情。小说的主题表示：故事虽然发生在一个处在世界大门以外的偏僻小村，但那儿也会发生像索福克勒斯笔下那样宏伟的悲剧。

《德伯家的苔丝》（又译《苔丝》，1891）是哈代最优秀的长篇小说，也是一部震撼人心的悲剧作品。女主人公苔丝短促的一生中无时不向往人生的真和善，也无时不遭到伪和恶的打击。哈代的这部小说引起了强烈反响，不少读者来信要求他不要给苔丝以悲剧结局，对苔丝的命运表示关怀和同情。然而

他这部小说也引起资产阶级卫道士的责难，斥之为"不道德"。

《无名的裘德》（1896）可以说是《德伯家的苔丝》的姐妹篇。裘德是孤儿，由穷亲戚抚养成人，充当石匠的学徒。梦想进入基督寺大学（影射牛津大学），将来成为牧师。后与表妹相遇，情投意合，经过内心剧烈的斗争，排除了种种困难，二人同居，生有子女。但终因不结婚而同居为礼法所不容，为习俗所不许，处处遭人白眼，求职无路，壮志不遂，连住宿都为公寓老

《德伯家的苔丝》中译本封面

板所不容，表妹终于重回原夫身边忍受屈辱的命运，裘德则以慢性自杀殉情。这部小说也带有鲜明的社会批判色彩。哈代在这部小说里大胆地冲破了社会习俗的束缚，坦率地描写了男女双方在志同道合基础上的自由结合，因此大受当时维护资产阶级道德者的攻击。

此外，哈代还发表了6部长篇小说和4集短篇小说，虽然现代研究者从这些作品中不断发现新意，但它们一般被认为属于不甚重要或不甚成功的作品之列。

哈代因《德伯家的苔丝》与《无名的裘德》（特别是后者）两部小说受到强烈的攻击，愤而放弃小说写作，又重新致力于创作诗歌。他于1865年开始写诗（少年之作仅传一首），诗共辑为8集，918首。1898年出版第一部诗集，最后一集发表于1928年哈代逝世不久。他的诗的内容包罗较广，大而宇宙之主宰，小而一草一虫，皆发之于诗。他以诗的形式阐明自己的思想，认为人世如此混乱，人生如此悲惨，应寻其病源，作为医治的根据，不应讳疾忌医，非说一切皆光明灿烂不可。哈代诗中又有一类，言鸟兽昆虫可能有人类所缺乏的智慧，对近代科学研究的成果已有预见。而他写人生之虐谑，写心理之入微，各自成类。

哈代的作品中，最能发挥思想、驰骋笔墨者，是以拿破仑战争为题材的史诗剧《列王》。这部作品的主旨，在于说明人世间一切全凭宇宙主宰（哈代称它是"弥漫各处的意志"等）的指挥控制。不仅亿万群众不知为何受到战争的灾祸，即使是驱使千万人赴战场的主帅和帝王将相乃至拿破仑，都不过是这个宇宙主宰在懵懂昏聩中拨弄支使的傀儡。哈代十分关注在战乱时代无辜遭殃的平民，他的同情甚至达于战场上受祸的小兔、鼹鼠、蝴蝶、虫蚁乃至禾苗。这部史诗剧用了3种文体：散文、无韵诗及有韵诗。散文多用以写每幕背景，无韵诗部分则所占比例最大。它吸收了古希腊悲剧和史诗的特点，英国伊丽莎白时代戏剧的穿插，又在普通戏剧形式之上增加了戏中之戏，从而创造了一个世界之上的世界。这部诗剧共3部、19章、133场，分 3 次于 1903、1906、1908 年出版。原非供舞台演出之用，而只供案头诵读。第一次世界大战时曾选出其中若干幕正式演出，获得成功。

1912 年哈代的夫人去世，1914 年哈代与他的女秘书结婚，这就是以后为他作传的达格黛尔。哈代晚年享受到英国人最高的推崇。逝世后葬于伦敦威斯敏斯特教堂诗人之角，其心脏则葬于故乡斯廷斯福德教堂墓地。

哈代的作品反映了资本主义侵入英国农村城镇后所引起的社会经济、政治、道德、风俗等变化和人民的悲惨命运，揭露了使人窒息的资产阶级道德、法律观念的虚伪性。他所着重表现的是人，是人的本能、人的感情，特别是爱情。他认为爱情是人类最强烈的感情，最能表现人的本能和感情。他的小说里几乎无一不接触到爱情这一主题。哈代站在人的自然感情一边，通过爱情、婚姻等问题着力表现个人对抗社会惯例和宗教、法律观念的悲剧性冲突，尖锐地批判了那种认为维多利亚时代英国精神和物质文明都达到了高峰以及它在宗教、道德风尚方面都臻于至善的观点。

哈代所创造的人物，尤其是妇女形象，如《远离尘嚣》中的拔示巴、《还乡》中的游苔莎、《德伯家的苔丝》中的苔丝、《无名的裘德》中的淑·布莱德赫，都各有鲜明的个性，给人留下不可磨灭的印象。哈代写景的技巧尤为突出，在他笔下的景物都具有自己的个性，景拟人化，情景交融，在作品中景物描写起到了重要的作用，尤其是被哈代命名为威塞克斯地区的自然风光。虽然哈代的文笔有些拖沓，夹用拉丁文，对话不太自然，但作品结构精密，含有诗意，能使读者开卷后不忍释手。

哈代在英国文学史上作为重要作家的地位早已确立，但一度受到忽视。20 世纪以来，哈代的作品愈来愈受到重视，研究哈代的学者不断出现，他的作品也不断被改编成电影上映。哈代的作品已有几种被翻译介绍到中国。

毛 姆

英国小说家、戏剧家。生于巴黎，卒于里维埃拉。父亲是律师。自幼父母相继去世，由伯父接回英国，送入寄宿学校。中学毕业后，在德国海德堡大学肄业。1892—1897年在伦敦学医，并取得外科医师资格。他的第一部长篇小说《兰贝斯的丽莎》（1897）即根据他作为见习医生在贫民区为产妇接生时的见闻用自然主义手法写成。他以冷静、客观甚至挑剔的态度审视人生，作品的基调超然，带有嘲讽意味。

1903—1933年，他创作了近30部剧本，深受观众欢迎。1908年，伦敦有4家剧院同时演出他的4部剧作，在英国形成空前盛况。他的喜剧受王尔德的影响较深，一般都以家庭、婚姻、爱情中的波折为主题，给当时上流社会描绘了一幅幅风俗画，其中最著名的剧本是《圈子》（1921）。

毛姆的主要成就在小说创作。长篇小说《人性的枷锁》（1915）带有自传成分。它写一个青年菲利普·凯雷受到不合理的教育制度的摧残和宗教思想的束缚，以及在爱情上遭到的打击。

第一次世界大战期间，毛姆赴法国参加战地急救队，不久进入英国情报部门，在日内瓦收集敌情；后又出使俄国，劝阻俄国退出战争，与临时政府首脑克伦斯基有过接触。回国述职时，俄国爆发了十月革命。这一段间谍与密使的生活，后来写进了间谍小说《艾兴顿》（1928）中。

1916年，毛姆去南太平洋旅行，此后多次到远东。1920年到中国，写了游记《在中国的屏风上》（1922），并以中国为背景写了一部长篇小说《彩巾》（1925）。以后又去拉丁美洲与印度。他的不少作品有浓郁的异国情调，这也是吸引读者的一个原因。

1919年，毛姆著名的长篇小说《月亮和六便士》问世。作品描写一个英国画家（以法国印象派画家高更为原型）来到南太平洋中的塔希提岛，与土著人共同过淳朴原始的生活，创作了不少名画。这部小说表现的是天才、个性与物质文明以及现代婚姻、家庭生活之间的矛盾。

1930年，长篇小说《大吃大喝》出版。它写了两个作家（分别以哈代和华尔浦尔为原型），反映了当时文坛的面貌。其中酒吧间女侍罗西，是毛姆笔下最为丰满的女性形象。

毛姆擅长写作短篇小说，曾受到莫泊桑的影响。他的短篇小说故事性强，情节曲折多变，但又不落窠臼。他曾写了100多篇短篇小说，涉及间谍、英国人在国内和海外的各种生活，其中以写英国人在海外的生活最富有特色。短篇小说集有《叶的震颤》（1921）、《卡苏里纳树》（1926）与《阿金》（1933）等。英国著名批评家西里尔·科诺利对这些作品评价很高，认为它们第一次如实地刻画出在海外的英国人，如法官、种植园主、行政长官等人的真实形象，他们或是懦夫，或是势利之徒，或是谋杀犯，或是诈骗犯，而不是肩负崇高使命的上等人。

毛姆于1928年定居法国地中海滨。第二次世界大战时曾去英、美宣传联合抗德，并写了长篇小说《刀锋》（1944）。

1948年，以16世纪西班牙为背景的长篇小说《卡塔林纳》出版。此外又发表了回忆录与文艺批评等作品，如《总结》（1938）、《作家笔记》（1949）、《流浪者的心情》（1952）、《观点》（1958）、《回顾》（1962）等。

毛姆的作品深受读者欢迎，以文体明晰朴素、取材广阔、对人性有透彻的理解为特点，除在英、美畅销外，还译成了多种文字。1952年，牛津大学授予他名誉博士称号。1954年，英国女王授予他"荣誉侍从"称号，成为皇家文学会会

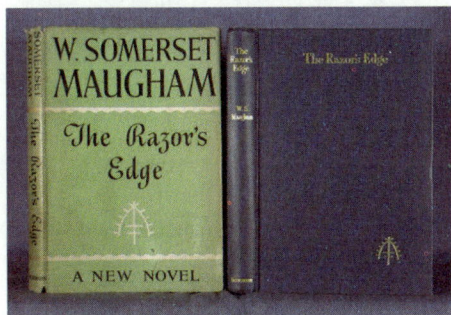

《刀锋》英文版封面

员。1959 年，毛姆作了最后一次远东之行。

艾略特

英国诗人、批评家。生于美国密苏里州圣路易斯，卒于伦敦。先祖是英国萨默塞特郡东科克地方的鞋匠，1670 年移居美洲波士顿。他的祖父迁至圣路易斯，创办华盛顿大学，1872 年任校长。父经商，母斯特恩斯是诗人。他的家庭一直保持新英格兰加尔文教派的传统。

1906—1910 年，艾略特在哈佛大学攻读哲学，并受到新人文主义者白璧德的影响。其后去法国，在巴黎大学听柏格森讲哲学，接触到波德莱尔、拉弗格、马拉梅等象征派诗歌。1911—1914 年在哈佛学习印度哲学和梵文。1914 年起定居英国。1914—1915 年在德国学习，因战争中断学业。这时他写完关于英国新黑格尔派哲学家布拉德莱的博士论文。1915—1916 年在伦敦海格特学校教授拉丁文和法文。1917—1920 年在劳埃德银行当职员。曾担任先锋派杂志《自我中心者》的助理编辑。1922 年创办文学评论季刊《标准》，并任主编，直至 1939 年。《标准》成为有影响的国际性刊物。从 20 世纪 20 年代起直至去世，他一直任费柏出版社董事。1948 年"由于他对现代诗的先锋性的卓越贡献"而获诺贝尔文学奖。

艾略特自称在宗教上是英国天主教徒，政治上是保皇派，文学上是古典主义者。他从 1909 年起发表诗歌，先后出版《诗歌》（1909—1925）、《四首四重奏》（1944）、《诗集》（1909—1962）等。

艾略特的诗受法国象征派诗歌、文艺复兴后期英国剧作家和玄学派诗歌的影响，形象具体准确，思想和感情融和，用联想和暗示为联系，反映了 20 年代资本主义社会中存在的怀疑和幻灭的情绪，到了 30—40 年代又有向宗教寻求解脱的情绪。

早期诗歌中最重要的有《普鲁弗洛克的情歌》（1915），写上流社会一个庸碌的青年在求爱途中的矛盾心理;《一位夫人的写照》(1915)写上流社会妇女生活的空虚;《小老头》(1919)通过一个老头子的独白,描绘了一种空幻的感受。这些诗歌反映了第一次世界大战前后英美上层社会人物精神的空虚、贫乏和绝望。

《荒原》(1922)是20世纪西方文学里一部划时代的作品,是现代派诗歌的里程碑,也是艾略特的成名作。全诗分5章,包括"死者葬仪""对弈""火诫""水里的死亡"和"雷霆的话"。艾略特利用人类学关于神话传说的研究成果,大量引用或改动欧洲文学中的情节、典故和名句,用6种语言,以鲜明的形象并借暗示和联想、严密的结构,构成一部思想和情调一致的完整诗篇。全诗极少用韵,大多是有节奏的自由体,语言变化多端。这首诗在技巧上是一个大突破。在《标准》季刊最初两期刊出之后,颇受訾议,其后作者增加了注解,研究者又做诠释和评论,基本可以读懂。

艾略特其他重要诗作如《空心人》(1925),绝望情绪更明显:人只是死亡国土上的一个空架子,一个填满了稻草的人,一个影子,"世界在呜咽中结束"。这首诗中抽象名词逐渐增多。《灰星期三》(1930)指四旬斋的第一天,要把灰撒在悔罪者的头上,宣扬基督教服从上帝的意旨和悔罪的教义。

《四首四重奏》写成于1935—1941年间,借用4个地点为题:《烧毁了的诺顿》指一座英国乡间住宅的玫瑰园遗址;《东科克》是其祖先在英国居住的村庄和村边小路;《干燥的萨尔维奇斯》指美国马萨诸塞州海边的一组礁石;《小吉丁》则指17世纪英国内战时期国教徒聚居点的一座小教堂。这首诗冥想与形象交织结合,语言节奏性强,没有《荒原》的造作,读来自然流畅,明白澄澈,被认为是艾略特登峰造极的诗作。

艾略特的剧作多采用诗体。早期的《斗士斯威尼》(1926)未完成。为伦敦某教区募款而上演的《磐石》(1934)是古装表演剧,其中的合唱队台词渲染教会过去和现在所经历的困难,宣扬它最后必然

取得胜利。

艾略特最著名的诗剧是《大教堂凶杀案》(1935),为坎特伯雷大教堂节日活动而作,写12世纪坎特伯雷大主教托马斯·厄·贝克特与国王亨利二世的矛盾。贝克特抵抗住各种引诱,最后被国王派来的骑士杀死。评者认为此剧歌颂的是为世人赎罪的献身精神,也有人认为是反对教义所否定的骄傲罪。

《全家重聚》(1939)用现代题材写犯罪的报应,犯罪使家庭破裂,强调人物的赎罪心理。《鸡尾酒会》(1950)和《机要秘书》(1954)以现实主义喜剧形式宣扬宗教信仰给有罪的人带来自我认识之光,只有宗教信仰才能使人不入迷途。最后一个剧本《政界元老》(1959)则转而歌颂爱情。

艾略特最早的批评著作收在

《大教堂凶杀案》插图

《圣林》(1920)中,以后陆续发表批评文章,于1932年另编《论文选集》(1951年修订),1936年又编成《古今论文集》。

他的最主要的文学批评文章有《传统与个人才能》(1917)、《批评的功能》(1923)、《诗歌的用途和批评的用途》(1933),此外还有关于诗剧、个别剧作家和诗人的文章与演讲。艾略特对莎士比亚并不推崇;认为弥尔顿给诗歌技巧带来了坏影响;他认为雪莱概念化,拜伦只供上流社会娱乐。他十分推崇但丁、英国文艺复兴(尤其后期)剧作家和玄学派诗人。他称颂德莱顿的诗歌技巧能给人以惊讶的快感。

在《传统与个人才能》一文中,他提出一个作家不能脱离传统创作,但能像催化剂那样使传统起变化,这就是作家个人才能之所在。文学批评的功能就是要把读者所未能见到的事实摆到读者面前,提高他欣赏和感受的能力。

艾略特还提出两个重要的诗歌批评概念:"感受的分化"和"客观对应物"。他认为英国诗歌在18世纪以后趋向于理念化、概念化,思想与感情、思想与形象脱节，而19世纪诗歌思想感情又趋于朦胧模糊，因此诗人应回头向17世纪前期即文艺复兴后期和玄学派的诗学习。他认为诗人表达思想感情不能像哲学家或技巧不高明的诗人那样直接表达或抒发，而要找到"客观对应物"，作家必须像古典主义作家那样用冷静的头脑，把"客观对应物"如各种意象、情景、事件、掌故、引语，搭配成一幅图案来表达某种情绪，并能立刻在读者心中引起同样的感情，做到文情一致，以纠正19世纪诗歌的朦胧模糊的效果。除文学批评外，艾略特还发表过不少有关宗教和文化的著作和文章，其中主要的有《什么是基督教社会》（1940）、《关于文化的定义的札记》（1949）等。

艾略特的创作和评论对英美20世纪现代派文学和新批评派评论起了开拓作用，对整个西方文坛的影响，很少有人能和他相比。

叶 芝

爱尔兰诗人、剧作家、散文家。生于都柏林，卒于法国南部罗克布鲁纳。曾在都柏林大都会美术学院学习绘画，1887年开始专门从事诗歌创作，被诗人艾略特誉为"当代最伟大的诗人"。1923年获诺贝尔文学奖。叶芝一向对戏剧有浓厚的兴趣，先后写过26部剧本。

19世纪90年代以后，叶芝热烈支持爱尔兰要求民族自治的运动。他领导了爱尔兰文艺复兴运动，并和格雷戈里夫人共同创建爱尔兰民族戏剧。他们反对庸俗社会喜剧，提倡把"爱尔兰的深刻思想和感情搬上舞台"，表现爱尔兰古老的理想主义。1899年，爱尔兰民族文学剧院在都柏林建立，1902年改为爱尔兰民族戏剧学会，叶芝任会长，1904年改建为阿贝剧院，对现代爱尔兰戏剧的发展产生了深远的影响。

叶芝的戏剧取材于爱尔兰古老传说中"优美崇高的事物"，力求用诗的语言表现英雄人物和英雄行为。早期诗剧《凯瑟琳伯爵夫人》（1899）写伯爵夫人为了救济穷人把自己的灵魂出卖给魔鬼，赢得了穷人的爱戴。在长期的创作实践中，叶芝不断地进行实验。他采用散文诗的形式，根据爱尔兰神话传说写成《胡里痕的凯瑟琳》（1902）和寓言剧《沙漏》（1903）。叶芝后来对剧本的散文诗形式感到不满，于1914年改写为诗剧，使《沙漏》成为他的代表作之一。

诗剧《在贝勒海滩上》（1904）是根据爱尔兰的英雄传奇创作的《库楚兰四部曲》组剧中的第一部，是叶芝最优秀的剧本之一。1913年叶芝担任美国诗人庞德的秘书，在他的影响下对日本古典能剧产生了强烈的兴趣，写了剧本《鹰泉》（1916）。叶芝把语言、面具和舞蹈融合在一起，创造了一种新戏剧，其中音乐和姿势是象征性的。叶芝最后的剧本《炼狱》（1939）放弃了合唱、舞蹈和日本古典剧的程式。舞台布景仅有枯树一棵和破屋一幢，象征着一个"老人"痛苦的内心世界。

在诗歌创作方面，1909—1916年是他走向成熟的关键时期。《柯尔庄园的野天鹅》（1917）是他这一时期最感人的诗集之一。其中"天鹅"既是爱的力量的象征，又是创作力的象征。此后，他灵感四溢，新作迭出，诗集《迈克尔·罗巴提斯与舞者》（1921）、《诗七首外加一个断片》（1922）、《猫、月亮及其他诗歌》（1924）、《十月疾风》（1927）以及最受后世推崇的《钟楼》（1928）、《盘旋的楼梯》（1929）等陆续问世。他的诗歌成就达到了英语诗歌史上一个少有人及的高峰。

但是，叶芝又是一个复杂的矛盾体。他早年即加入通灵学会，对唯心主义、空想学说甚至神秘主义的宗教和巫术充满了好奇和兴趣，而这一切在他各个时期的创作中都有流露和反映，例如《1916年复活节》虽为纪念复活节起义而作，但它同时讲述的又是一个"恐怖而美丽的故事"；而在叶芝最为脍炙人口的诗作《基督重临》中，走向圣

从英雄到人文·必知外国文学家❶

婴诞生之地的狮身人面兽为20世纪人类的前途投下不可预测的恐怖阴影。

乔伊斯

爱尔兰小说家。生于都柏林一个穷公务员家庭，卒于瑞士苏黎世。从小在耶稣会学校受天主教教育，准备当神甫。中学毕业前，开始同宗教信仰以及都柏林庸俗无聊的社会生活决裂，决心献身文学。1898年进入都柏林大学专攻现代语言。1902年毕业后赴巴黎学医。1903年，由于母亲病危暂时回乡，开始写短篇小说。1904年结婚后到意大利和瑞士旅行，并宣布"自愿流亡"，与天主教会统治的爱尔兰彻底决裂。先后在罗马、的里雅斯特、苏黎世等地以教授英语为生，同时从事创作。1920年定居巴黎，专门写作小说。

乔伊斯大半生流亡欧洲大陆，可是在他的小说中，题材与人物都集中在都柏林。他认为，只有彻底摆脱爱尔兰宗教、政治和社会生活的影响，他才能完全客观地描绘都柏林的生活。他的第一部作品是短篇小说集《都柏林人》（1914），通过描写形形色色的都柏林中下层市民日常生活中平凡琐屑的事物，揭示了社会环境给人们的理想、希望和追求所带来的幻灭与悲哀，对爱尔兰的社会风尚表现了蔑视与反感。

《青年艺术家的肖像》（1916）是一部自传体中篇小说，通过主人公斯蒂芬·德迪勒斯的成长过程，描绘了现代艺术家与社会之间的关系：走向艺术即走向流亡的命运。乔伊斯运用内心独白的手法，通过主人公的内心活动来描绘他的经历和客观世界，并且以不同风格的语言表现幼年、童年、青少年等各个不同时期的思想感情。小说还提出了一套文艺理论，认为戏剧是最高最完美的文学形式，因为它具有高度的客观性；作家应该从作品中隐退，应该超越于中产阶级世界的价值观念之上，客观地反映生活。这种看法对当代西方文学产生了深刻的影响。

乔伊斯用了7年时间写成他的代表作《尤利西斯》（1922）。这部长篇小说的主人公利厄波尔·布卢姆是都柏林一家报纸的广告推销员，小说用许多逼真的细节描写这个彷徨苦闷的小市民和他的寻欢作乐的妻子莫莉以及寻找精神上的父亲的青年学生斯蒂芬·德迪勒斯这三个人一昼夜中的经历，实质上是现代西方社会中人的孤独与绝望的写照。

乔伊斯在《尤利西斯》中广泛运用了"意识流"的创作手法，形成一种崭新的风格，成为现代派小说的先驱。他不仅在遣词造句方面刻意创新，而且运用了大量的典故、引语和神话。但有些段落不加标点符号，以致有隐晦之感。

乔伊斯晚年几乎双目失明，但仍然埋头写作，经过十几年的艰巨劳动完成了最后一部长篇小说《芬尼根们的觉醒》（1939）。作者自称这是他的一部杰作。小说围绕着人类历史上死亡与复活的循环往复这个中心主题，描写了都柏林一家小酒馆老板伊尔威克（他代表一切人）梦中的经历，表现当代世界已进入死亡期的最后混乱。梦中的人物可以互相转化，而梦中的情节都具有复杂的、变化不定的象征意义。乔伊斯用他自己独创的梦的语言来写梦境，他在作品中不仅把英语单词拆散，重新组合为混成词，赋予多种意义，而且以多种方式使用多种语言，综合构成复杂的意义群，因而这部小说比《尤利西斯》更加隐晦。

乔伊斯的其他作品还有抒情诗集《室内乐集》（1907）和《一分钱一首的诗》（1927），剧本《流亡者》（1918）。

贝克特

爱尔兰戏剧家、小说家。长期居住在法国，用英、法两种文字写作。生于爱尔兰都柏林一中产阶级家庭，卒于法国巴黎。曾先后在澳大利亚恩尼斯基伦的波尔托拉皇家学校和都柏林的三一学院学习意大利文和法文，获学士学位。1928年被聘为巴黎高等师范学校英语辅导教师。在巴黎结识乔伊斯，深受其影响。1930年回都柏林教法文。1931—1937年旅居英国、德国、瑞士、法国，其间用英文写了长篇小说《莫菲》（1938）等。1938年定居巴黎。第二次世界大战期间，他不顾爱尔兰公民应保持中立的规定，参加了法国抵抗运动。德国占领初期，他住在巴黎。后为形势所迫，避居非占领区的沃克吕兹，1942年在此写成长篇小说《瓦特》。1945年以后，他主要用法文写作。作品有长篇小说三部曲《马洛伊》（1951）、《马洛纳之死》（1951）和《无名的人》（1953）。剧作有《等待戈多》（1952）、《结局》（1957）、《那些倒下的人》（1957）、《最后一盘录音带》（1960）、《啊，美好的日子》（1963）、《喜剧与小戏数种》（1972）。

两幕剧《等待戈多》是贝克特的成名作，也是他最有影响的剧作，1953年在巴黎的巴比伦剧场首次上演，引起欣赏者和反对者的激烈争吵。此后几年，被译成数十种文字，产生了广泛的影响。《结局》写一家三代在绝望中等待死亡，半身不遂的哈姆坐在轮椅里，他的没有下身的父母住在垃圾桶里，义子则因病只能站不能坐。《啊，美好的日子》写一女子身体逐渐陷入灼热的沙漠中，大地咔咔作响，世界行将崩溃，而她却固执地保持乐观，只要丈夫听得见她说话，她就认为这一天"美好"之至。

贝克特作品的主题主要是"揭示人类在一个荒谬的

《啊，美好的日子》剧照

宇宙中的尴尬处境"。正像他的小说《马洛伊》、剧本《等待戈多》所表明的，他所探讨的是有关人的存在的最"基本"的问题：时间、存在、期待、孤独、异化、死亡等。他最突出的题材是社会中人对无望的寻求和期待所进行的思考和描绘。他认为"只有没有情节、没有动作的艺术才算得上是纯正的艺术"。他的小说和戏剧，对环境、人物面貌、情节、动作的描写都减少到最低限度。他竭力排除现实主义的写照、故事性的情节、真切的心理描写、具体的环境描写、含义实在的对话和一切戏剧程式，使其作品显现出全面反传统的特点。所以有人称他的小说为"反小说"或"新小说"，称他的戏剧为"反戏剧"或"荒诞派戏剧"。他被公认为法国荒诞派戏剧的主要代表人物，他的《等待戈多》则被视为荒诞派戏剧的"经典"作品。

1969 年，贝克特"因为他那具有新奇形式的小说和戏剧作品使现代人从精神贫困境地中得到振奋"而获得诺贝尔文学奖。

拉伯雷

法国小说家、教育思想家。生于都兰省希农城附近一个律师家庭，卒于巴黎。拉伯雷长大后进了修道院，后来成为教士。他与人文主义团体来往，与教士拉米一起学习希腊文，被视为异端。拉米逃跑，他也离开修道院周游法国。他学识广博，通晓拉丁文和希腊文。1530 年 9 月进蒙彼利埃大学医学院学习，6 个星期就拿到了毕业文凭，1532 年 11 月到里昂行医，广泛地接触到各个社会阶层的人物。1534 年 1 月，他跟随红衣主教让·迪贝莱出使罗马，在罗马居住了三个月。1535—1536 年，他又作为迪贝莱的私人医生再次来到罗马，因此备受意大利文艺复兴气氛的感染。1537 年，拉伯雷重返蒙彼利埃大学，边行医边讲学，并且不顾种种压力，大胆地解剖尸体，论述了大脑、神经与肌肉的关系，因而获得

《巨人传》插图

博士学位。

拉伯雷在为患者治病的同时，也写些故事来让他们消遣。在一本关于巨人卡冈都亚的民间传奇故事的启发下，他写作了长篇小说《巨人传》。小说通过卡冈都亚和庞大固埃这父子两个巨人国王的故事，以嬉笑怒骂、粗犷泼辣的文笔，对神学家们进行了尖刻的讽刺，猛烈地抨击了教会的黑暗统治。特别是借巨人卡冈都亚的教育成长过程，揭露了经院主义教育的落后性，赞颂了人文主义教育的进步性。拉伯雷医术精湛、交游很广，曾担任书库主管和行政法院审查官等职务，他利用这些有利条件来化名出版《巨人传》。1545 年他在宫廷谋得职务，开始以真名出版《巨人传》。《巨人传》的最后两部是在他逝世后才出版的。

拉伯雷在医学、数学、法律、天文、地理、考古、哲学、神学、音乐、植物学等许多领域都有很深的造诣。他的教育思想对资产阶级教育学的发展起过积极作用。他强调教育对个性发展具有决定性作用，主张儿童应学习广博的知识，反对摧残儿童身心的禁欲主义、强制教育和教条灌输。

《巨人传》不仅反映了新兴资产阶级的思想意识，提出了反对封建制度、要求个性解放的口号，而且语言通俗滑稽、笔调粗犷大胆，是世界文学史上的一部杰作。

莫里哀

法国喜剧作家、演员、戏剧活动家。

生平 生于巴黎一个具有"王

室侍从"身份的宫廷室内陈设商家庭,卒于巴黎。本名让–巴蒂斯特·波克兰。青年时代曾受当时唯物主义哲学家伽森迪影响,喜爱古罗马哲学家卢克莱修的诗作。中学受到良好的教育。1643年,他向父亲宣称放弃世袭权利,与贝雅尔兄妹等9个朋友组成"光耀剧团",在巴黎演出。1644年起取艺名为莫里哀。1645年剧团倒闭,莫里哀受到债主控告而被监禁。出狱后他加入老艺人杜弗莱斯纳的剧团,到外省巡回演出。在1645—1658年的13年间,他们走遍了法国西南地区。这段流浪艺人的经历使莫里哀加深了对法国社会的观察和理解,也磨炼了他戏剧艺术的才华。返回巴黎后于1658年10月24日在卢浮宫为国王演出独幕喜剧《多情医生》(失传)。路易十四批准把王宫附近的小波旁剧场拨给他们使用。1660年,莫里哀从死去的兄弟那里收回"王室侍从"的头衔,以便出入宫廷,接近路易十四,争取得到保护。即使这样,莫里哀的创作道路仍然极为坎坷。

莫里哀不仅是杰出的喜剧诗人、编剧、戏剧理论家,还是优秀的演员,饰演了许多重要的角色,他的演技和嗓子为当时的人们所称道。作为法国最早的"导演",他在排练时严格要求,善于引导,为法国培养出一批有才能的青年演员。他的剧团成了今日法兰西喜剧院(又名莫里哀之家)的前身。作为剧团领导和舞台调度,他享有很高的威望,经常筹备大规模的宫廷庆典。长期紧张的工作使他积劳成疾,得了肺结核。在参加《心病者》演出后在巴黎去世。

创作活动 莫里哀共留下33部剧作(其中1部与高乃依、基诺合写)和8首诗。他的戏剧创作活动可分为3个时期。

①1658—1664年。莫里哀率剧团回到京城后,1659年公演的第一部重要现实主义喜剧是《可笑的女才子》。该剧讽刺了矫揉造作的风气,刺痛了贵族沙龙集团,他们赶紧指使文人编写剧本进行回击,一度还将它禁演,并以扩建卢浮宫为由将小波旁剧场拆毁,企图使莫里哀流落街头。经过莫里哀申诉,国王将王宫剧场修整后拨给他

《可笑的女才子》剧照

使用。从1661年起，莫里哀剧团就一直在此演戏。

接着，莫里哀演出反对封建夫权思想、歌颂恋爱自由的社会问题喜剧《丈夫学堂》（1661）和《太太学堂》（1662）。后一部五幕诗体喜剧获得巨大成功，动摇了悲剧体裁的独尊地位，从而引起莫里哀同以勃艮第府剧团为中心的保守派文人长达两年以上的论战，在文学史上被称为"喜剧之战"。《太太学堂》中的资产者阿尔诺夫把一个孤女送进修道院教育了13年，想为自己培养一个"白痴"似的愚昧驯顺的妻子，但阿涅丝一旦同生活接触之后，就冲破了封建道德的枷锁。这个戏被对手们加上了"有伤风化""诋毁宗教"等罪名。1663年6月莫里哀写出《〈太太学堂〉的批评》予以全面驳斥，同时提出演喜剧比演悲剧更难的观点。保守派文人们编了些剧本反击，还对莫里哀进行人身攻击。在国王的授意下，同年10月莫里哀又演出短剧《凡尔赛宫即兴》，对当时悲剧表演中程式化的、夸张的腔调和姿势尽情嘲笑。"喜剧之战"在法国舞台上开辟了喜剧和歌舞剧的新时代。1663年，国王赐给莫里哀"优秀的喜剧诗人"称号和每年1000法郎津贴。后来，莫里哀剧团成了"国王剧团"。

②1664—1666/1669年。1664年5月12日，莫里哀在凡尔赛宫的盛大节日晚会上演出《伪君子》（初演时为三幕）。这部喜剧大胆讽刺了封建社会的基础之一——天主

教会，以致一贯以诗人的保护者姿态出现的国王路易十四在教会的压力下也急忙下令禁演。有个教士甚至要求对莫里哀施火刑。莫里哀没有被威胁吓倒，他加写了两幕，成了五幕诗体喜剧，剧终时伪君子被当众戳穿、逮捕。1668年，由于天主教内派系斗争加剧，教皇颁布"教会和平"的诏书，加之莫里哀数次上书，经路易十四批准，1669年2月5日《伪君子》终于以定稿本的形式公演，演出时盛况空前。《伪君子》是一部思想深刻、艺术成熟的"政治喜剧"。在这部喜剧里，莫里哀塑造了一个性格突出而又有极大概括意义的典型形象骗子达尔杜弗，这个名字还成了"伪君子"的同义语。

在《伪君子》1664年首次遭到禁演之后，莫里哀接连演出《唐璜》（又名《石宴》，1665）和《恨世者》（1666）两部剧本，以示抗议。唐璜虽是西班牙传说中人物，在莫里哀笔下却成了17世纪法国放荡淫逸、玩世不恭的没落贵族。通过他的嘴，莫里哀把伪善作为封建统治阶级所具有的时髦"恶习"

再次加以揭露。《恨世者》的主人公阿尔赛斯特对封建社会中横行霸道、虚伪奸诈等丑恶的习俗作了直接的谴责。但他慷慨激昂宣讲的抽象道德原则是贵族们根本不会接受的，这就使他成为一个既可悲又可笑的人物。这出严肃的喜剧偏重于哲学和心理的分析，深得古典主义理论家波瓦洛的赞赏。

③ 1666—1673年。这个阶段，莫里哀对喜剧形式作了多方面的探索。《屈打成医》（1666）歌颂一个乐于帮助一对青年恋人反抗封建家长的樵夫斯嘎纳耐勒，取材于13世纪法国一首民间叙事诗。他还配合宫廷的庆典活动写了几出歌舞剧。《安菲特律翁》（1668）虽是一部大型机关布景的神话喜剧，却也不乏对凡尔赛宫廷隐约的讽刺。

在莫里哀一生的最后几年中，他主要取笑的对象是上层资产阶级，批判他们努力把自己贵族化的可笑企图。他创造了形形色色的资产者形象，各具不同的性格特征。《乔治·唐丹》（1668）中的同名主人公是个富农，他花大钱娶了一个贵族小姐，想以此抬高社会地位，结果不但被戴上绿帽子，还在贵族丈人的训斥下不得不向老婆下跪讨饶。

《吝啬鬼》是莫里哀最深刻的"性格喜剧"之一，在该剧中致富的渴求和吝啬强有力地支配着阿巴公，在法语中阿巴公的名字已成了"吝啬鬼"的同义语。

莫里哀还写了几出芭蕾舞喜剧。《浦尔叟雅克先生》（1669）塑造了一个外省土地主滑稽可笑的形象，他以为有钱就能娶到美丽的姑娘而在巴黎受尽捉弄。《贵人迷》（1670）则是莫里哀"风俗喜剧"代表作，描写庸俗的资产者想依仗金钱的势力跻身贵族行列的丑态，对当时的社会生活作了现实主义的反映。1673年莫里哀写出最后一部杰作《心病者》，谴责自私自利的资产者为了自己的健康而牺牲儿女美满的爱情。

艺术特点 莫里哀的喜剧种类和样式是多样化的，已超越古典主义的范围。他写了亚历山大体的或自由体的诗剧，也写了散文剧。他演出一些符合当时"大型喜剧"规格的五幕诗体剧，也演出不少比较灵活的三幕散文体剧。莫里哀并不墨守古典主义至高无上的"三一律"和其他戏剧规则，他用散文写成的《唐璜》就有明显的违背：每幕的地点都做了改变，各种等级的人物和生活场景互相对照，喜剧中具有悲剧的因素，在真实的生活场景中夹杂着超自然的景象。

莫里哀是法国芭蕾舞喜剧的创始人，他把这种体裁称作"新的混合品种"。从《讨厌鬼》（1661）、《逼婚》（1664）至《贵人迷》《心病者》，莫里哀共写了十几部把音乐、舞蹈与喜剧情节紧密地结合在一起的喜剧，演出时特别受欢迎。

从整体来看，莫里哀的所有喜剧几乎都具有闹剧的因素，后期创作尤为明显，说明他坚持平民的趣味。但莫里哀革新了民间的闹剧，他的喜剧在风趣、粗犷之中表现出严肃的态度。他采用漫画式的手法不仅在于逗笑，而是为了鲜明突出地塑造人物形象。他摆脱庸俗的滑稽和无聊的噱头，从生活本身发掘喜剧性。他揶揄的"滑稽人"越自作聪明，实际上就越丑态百出，也就越使人发笑。

莫里哀的喜剧都是直接为舞台演出而写作的。他把日常的生活用语提炼后搬上舞台,显得自然、生动。剧中人物讲话的语气都恰如其分。对话俏皮、机智、紧凑,本身就是动作。莫里哀在喜剧中还运用了丰富多彩的民间词汇、谚语、格言等。他的喜剧闪耀着人民智慧的光芒。

喜剧理论　莫里哀通过他的一些序言、论战性剧本等,阐述了一套有创见的现实主义喜剧理论和编导经验。

他强调喜剧要反映现实、寓教于乐。在《〈太太学堂〉的批评》中,他指出喜剧是"公众的镜子","必须照自然描画","要求形象逼真"。又说喜剧是直接针对世风习俗的"讽刺""一般性的批评"。在1664年的《陈情表》中,他进一步说:"喜剧的责任既是在娱乐中改正人们的弊病,我认为执行这个任务最好莫过于通过令人发笑的描绘抨击本世纪的恶习。"在《伪君子·序》中,他阐明"恶习变成人人的笑柄,对恶习就是重大的致命打击"。他一向认为观众是喜剧的"唯一裁判",观众的笑声就是对丧失理性的滑稽人最好的舆论制裁,迫使他们改正恶习,并使别人引以为戒。他主张作品要自然、合理,把"常识"定为文艺批评的标准,强调对作品和演出须以社会效果进行评价。

影响　莫里哀的喜剧已成为典范性作品,影响了许多国家喜剧事业的发展。在法国,人们认为莫里哀代表着"法兰西精神",因此,在法兰西喜剧院上演的古典剧作中,莫里哀剧作一直名列前茅,远远超过同时期的拉辛与高乃依,上演次数最多的前六个剧目全部是莫里哀的作品。今天,莫里哀的喜剧已译成几乎所有的重要语言,是世界各国舞台上经常演出的剧目,并且改编成电影和电视剧,得到更为广泛的传播。莫里哀的名剧具有持久的艺术生命力。中国已出版了李健吾、赵少侯、王了一等人的译本,多次上演过《太太学堂》《伪君子》《吝啬鬼》《贵人迷》《司卡潘的诡计》等戏。莫里哀的喜剧是世界戏剧艺术的一份珍贵遗产。

巴尔扎克

法国小说家。生于图尔市，卒于巴黎。父亲当过供应军粮的承包商，经营过呢绒买卖，是个白手起家的资产者。母亲冷酷自私，从小把他寄养在外。从小学开始即在学校寄宿，从未享受过家庭的温暖，加上教会学校的气氛令人窒息，所以他只能从书籍中获得安慰。1816年进入大学攻读法律，同时在文科旁听，在诉讼代理人和公证人的事务所当过见习生。

巴尔扎克20岁时决心从事文学创作，但父亲只给他两年时间进行尝试。他写出来的悲剧和神怪小说都不成功。于是先后借钱出版莫里哀和拉封丹的作品，经营印刷厂和铸字厂，结果都宣告失败，负债累累。经过10年痛苦的生活体验和摸索之后，他终于回到文学创作的道路上来。1829年发表的《舒昂党人》，是以共和国军队平定布列塔尼封建势力的武装叛乱为题材。这是他第一次用真名发表的严肃作品，初步奠定了他在文学界的地位。接着发表的哲理小说《驴皮记》（1831）获得成功，立即使他成为法国最负盛名的作家。

巴尔扎克决心用笔来完成拿破仑用宝剑都未能完成的伟业，也就是写作总题目为"人间喜剧"（1829—1848）的风俗史。正如他在《人间喜剧·导言》中所写的那样："法国社会将成为历史家，我不过是这位历史家的书记而已。开列恶癖与德行的清单，搜集激情的主要事实，描绘各种性格，选择社会上主要的事件，结合若干相同的性格上的特点而组成典型，在这样做的时候，我也许能够写出一部史学家们忘记写的历史，即风俗史。"这段话表明了《人间喜剧》的现实主义的创作方法，即这部风俗史是从客观现实出发的，它将如实地反映社会生活的光明面和黑暗面，并且突出典型的事件；典型人物也不是一个人，而是同一类人物的特征的组合。

"人间喜剧"这个总题目是在

1841 年确定的，巴尔扎克在为《人间喜剧》所写的序言中，把自己的作品分为《风俗研究》《哲理研究》和《分析研究》三大部分，计划写作 137 部小说。其中《风俗研究》是《人间喜剧》的主体，它要描绘的是复辟王朝时期的人情风俗，因此又分为《私人生活场景》《外省生活场景》《巴黎生活场景》《政治生活场景》《军旅生活场景》和《乡村生活场景》6 个门类。他夜以继日地勤奋写作，虽然未能完全实现原定的计划，但是在不到 20 年的时间里，已经完成了 91 部长篇小说。这些小说包括 2400 多个人物，从各个方面反映了法国 19 世纪上半叶的社会现实，构成了一幅社会变革时期的宏伟历史画卷，是一部名副其实的社会百科全书。正如恩格斯所说的那样，巴尔扎克"提供了一部法国'社会'特别是巴黎'上流社会'的卓越的现实主义历史"。

巴尔扎克的文学创作道路可以分为三个阶段。

第一个阶段是 1829—1835 年，是巴尔扎克的创作走向成熟的时期。

这个阶段共有 40 多部作品，大部分是中短篇，包括刻画生财有道的高利贷者的《高布塞克》（1830）、讽刺贪欲的《驴皮记》（1831）、表现资产阶级与贵族斗争的《都尔的本堂神甫》（1833）等。这一阶段的代表作是《欧也妮·葛朗台》（1833）和《高老头》（1834）。葛朗台老头和高老头都是白手起家的暴发户。葛朗台爱财如命，连老婆留给女儿的遗产也要夺过来；高老头则溺爱女儿，不惜以价值巨万的陪嫁使女儿成为有贵族头衔的夫人，最后钱财被她们挥霍一空，自己孤苦伶仃地死去却无人问津。这两部小说从不同的角度反映了资本主义社会里金钱对人心的败坏，淋漓尽致地揭露了资产者的贪婪和虚荣。《夏倍上校》（1832）也是一部比较重要的作品，反映的是另一种社会矛盾。内容是一个拿破仑时代的军官在战场上受了重伤，被附近的农民所救，以后在国外流浪了 10 年。但是他回国之后竟没有人认识他，谁都不相信他是夏倍上校，他的妻子早已继承了他的财产，并且改嫁给了一个伯爵。夏倍上校气愤之极，毅然离开了这个卑鄙的女人，最后贫病交加而悲惨地死去。

第二个阶段是1836—1842年。巴尔扎克开始更多地关心下层人民的生活，研究政府机构的弊端，注意工人起义和农民暴动等社会事件。这一时期写有30多部作品，其中《无神论者做弥撒》（1836）塑造了品质高贵的挑水夫，《幽谷百合》（1836）揭露了外省贵族的腐朽没落，《比哀兰德》（1840）反映了复辟王朝贵族、教会与资产阶级的斗争，《赛查·皮罗多盛衰记》（1837）写观念陈旧的老商人的破产，《纽沁根银行》（1838）写银行家的发迹，《于絮尔·米罗埃》

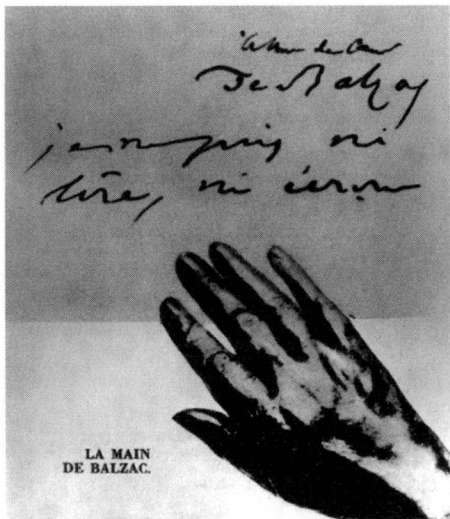

LA MAIN
DE BALZAC.

巴尔扎克手迹

（1841）则是一幕亲属之间争夺财产的丑剧。这一阶段最重要的作品《幻灭》（1837—1843），塑造了青年野心家吕西安的形象。吕西安千方百计地跻身于贵族上流社会，经历了新闻出版界的种种无耻交易，以及保王党和自由党对他的拉拢和打击。小说揭露了资产阶级与贵族的争权夺利，以及巴黎社会围绕着新闻报纸和党派利益而展开的角逐，反映了复辟王朝时期尖锐复杂的阶级斗争，同时也歌颂了代表群众利益的共和党人。最后通过逃犯伏特冷之口，深刻地揭露了人与人之间尔虞我诈的伪善关系。

第三个阶段是1843—1848年。这一阶段已是七月王朝末期，阶级矛盾十分尖锐，社会的腐败日益明显。巴尔扎克共创作了十多部作品，比较重要的有《交际花盛衰记》（1843—1844），描写了两个野心家的不同命运：一个因失败而自杀，另一个则跻身于统治阶层；《邦斯舅舅》（1847）是争夺一个名画收藏家遗产的故事。这一阶段的代表作是《贝姨》（1846）和《农民》（1855）。《贝姨》写暴发户克勒凡靠做花粉生意发了大财，看起来道貌岸然，实际上花天酒地、穷奢极欲，为情妇们一掷千金，甚至追求亲家于洛太太。于洛男爵早年曾是拿破仑军队中的英雄，后来进入政府机关担任高级职务以后，却染上了好色的恶习，70多岁仍不思悔改，最后倾家荡产，把自己的妻子也气死了。小说通过于洛这头"公猪"，抨击了七月王朝时期大资产者的荒淫无耻和腐朽糜烂的社会风气，同时通过下层人民的悲惨生活，揭示了贫富之间的尖锐对立和日益激化的阶级矛盾。《农民》描写了农村中复杂的矛盾和斗争，是直接反映农村阶级斗争的长篇小说。资产阶级利用农民对贵族地主的不满和反抗，联合农民把贵族地主赶出庄园，终于取代了贵族在农村中的地位，而农民受到的却是更加残酷的剥削。这部作品反映了社会的变革和时代的进程，曾受到马克思的高度评价。

巴尔扎克是一个伟大的现实主义作家。虽然在1831年加入了保王党，在政治上拥护波旁王室，同情贵族阶级，但是依然如实地反映社会现实，指出了贵族阶级必然灭亡的命运。恩格斯对此曾给予高度的评价，认为他的"伟大的作品是对上流社会无可阻挡的崩溃的一曲无尽的挽歌，他对注定要灭亡的那个阶级寄予了全部的同情。但是，尽管如此，当他让他所深切同情的那些贵族男女行动的时候，他的嘲笑空前尖刻，他的讽刺空前辛辣"。巴尔扎克作品的重要特色，就是恩格斯后来提出的现实主义的定义：真实地描写细节，塑造典型环境中的典型人物。他的小说不仅真实地描写环境、反映当时的社会现实，而且注重描写财产、房屋、家具、陈设、器皿、服装等涉及人的生活的各个方面，就连提供的经济资料也力求具体和详尽。例如《欧也妮·葛朗台》，描写在复辟王朝时期，葛朗台乘机控制市场、哄抬物价，大搞公债投机，成为暴发户；他的侄子查理则在海外贩卖人口、放高利贷，勾结海盗偷税走私，发了大财，完全是一部资产阶级的发家史。所以，恩格斯认为从他的作品中学到的东西，即使在经济的细节上，也比从当时所有专门历史家、经济学家和统计学家的全部著作加起来所学到的还要多。

巴尔扎克具有惊人的观察力和记忆力。他不但博览群书、学识渊博，而且注重实地调查，以丰富的想象力对观察到的一切进行艺术加工，同时尽量采用各行各业人物特有的行话，因而使塑造的人物有血有肉、栩栩如生。除了这些基本的现实主义特征之外，他的小说同时也富于浪漫的色彩，他笔下的人物众多，然而并不雷同，他们往往各自被一种炽烈的激情所控制。这种激情的火焰日夜焚烧着他们，以致最终葬送了他们的生命。某些作品如《长寿药水》（1830）、《绝对之探求》（1834）等不但想象丰富，甚至还带有神秘的意味。他的小说通过真实的情节和典型的人物，以富有特色的细节和语言，撕下遮盖在人际关系上的温情脉脉的面纱，无情地讽刺了人与人之间赤裸裸的金钱关系，深刻地批判了资产阶级自私和贪婪的本性，揭露了资本主义社会的本质，因而才能给读者留下强烈而深刻的印象。

巴尔扎克平均每年出版四五部小说，每天都要写作十四五个小时，有时一连几天废寝忘食，终于积劳成疾，51岁就去世。在他之前，小说从总体上来说属于通俗文学，曾经受到古典主义者排斥。但是，巴尔扎克却以他的《人间喜剧》这座丰碑，使小说艺术达到了前所未有的高峰，在世界上产生了广泛而持久的影响。他是中国读者最熟悉和喜爱的法国作家之一，他的许多作品从20世纪30年代开始就被傅雷等翻译家译成中文，中文本的《巴尔扎克全集》（30卷）已出版。

雨 果

法国作家、政论家和文艺理论家。生于法国东部的贝桑松，卒于巴黎。他的父亲是拿破仑部下的将军，母亲信奉旧教，拥护王室。他11岁时随母亲回到巴黎生活，由于母亲的影响，他在青年时代曾一度同情保王党。

雨果从小爱好文学,喜欢创作。1819年,创办刊物《文学保守者》,在一年零三个月中共出版了30期。1822年发表《颂歌和杂咏》,翌年再版时改名为《颂歌集》,这些诗作在形式上拘泥于古典主义诗歌的格律,但是歌颂王室和天主教,因而获得了路易十八赏赐的年俸。以后他连续发表了情节恐怖的小说《冰岛的凶汉》(1823),在《颂歌集》的基础上扩充而成的《颂歌与民谣集》(1826),以及描写18世纪末法国殖民地黑人暴动事件的小说《布格·雅加尔》(1826),表明他在当时日趋高涨的自由主义思潮的影响下,已经开始向反对复辟王朝和伪古典主义的方向转变。

1827年,雨果发表剧本《克伦威尔》,在同时发表的《〈克伦威尔〉序》中抨击了古典主义戏剧只写"崇高文雅"等清规戒律,力图扩大艺术表现的范围,强调自然中的一切都可成为艺术题材,并且根据基督教宣扬的善与恶是构成人的本性的两种要素的观点,提出了将

滑稽丑怪与崇高优美进行对照的原则,反映了1830年七月革命前夕资产阶级的民主要求。这篇序言成为浪漫主义文学流派的宣言,雨果也因此被公认为浪漫主义运动的领袖。他在1830年上演的剧作《艾那尼》中,叙述了16世纪西班牙的一个贵族出身的强盗为父复仇,与国王和公爵争夺美女素儿,最后悲惨死去的故事。剧本具有强烈的反封建倾向,受到市民观众的热烈欢迎。剧作打破了古典主义在悲喜剧之间设立的界限,采用了乔装、密室、毒药等种种奇情剧的手法,因而在上演时曾引起观众之间的争斗,被视为浪漫主义战胜伪古典主义的标志。

雨果早期的小说《一个死囚的末日》(1829)呼吁废除死刑,已经流露出他的人道主义思想。长篇历史小说《巴黎圣母院》(1830)叙述了一个发生在15世纪的巴黎的故事。小说猛烈抨击了教会的虚伪和黑暗、司法制度的不公和残酷,在艺术上则集中体现了雨果的"美丑对照"的原则:道貌岸然的副主教弗罗洛心如蛇蝎,而外形丑

陋的敲钟人卡西莫多则心地善良，人物性格的夸张充分显示了浪漫主义的色彩。随后发表的小说《穷汉克洛德》（1834）以真人真事为题材，谴责司法制度的不公，表现了他对劳苦大众的同情。

雨果在19世纪40年代以前发表的诗作有同情和支持希腊民族解放斗争、富于异国情调的《东方集》（1829），描写家庭生活和内心感情、对贫苦受难者表示同情和怜悯的《秋叶集》（1831），欢呼七月革命和歌唱爱情的《黄昏歌集》（1835），讽刺富有阶级、宣扬慈善主义的《心声集》（1837），以及试图在精神上引导民众的《光与影集》（1840），这些诗集的内容涉及政治、哲理、祖国、家庭、爱情和情感等种种题材，同时也注重对诗句形式和语言的革新，逐渐带有浪漫主义的色彩。

与此同时，雨果还发表了一系列浪漫主义的戏剧，例如《玛丽蓉·德·洛尔墨》（1831）歌颂了平民出身的青年狄杰和妓女玛丽蓉的爱情；《国王取乐》（1832）写平民姑娘爱上了乔装的国王，剧本由于揭露了16世纪法国国王弗朗索瓦一世的荒淫无耻，只演了第一场就被禁止；《玛丽·都铎》（1833）中的王后爱上了宠臣，而《吕伊·布拉斯》（1838）里与王后相爱的竟是一个仆人，吕伊·布拉斯受主人、大臣堂·萨留斯特的指使，冒充贵族到王宫里去骗取王后的爱情，不料与王后一见钟情。后来他当上了首相，在王后的支持下决心革新政治，但是当他知道自己不过是主人的工具之后，就愤而杀死了堂·萨留斯特，自己也服毒死在王后的怀抱里。下等人能够登上政治舞台，而且在国事会议上义正词严地谴责王公贵族，表明雨果具有民主主义思想。但是像《吕克莱斯·波尔吉》（1833）和《安日罗》（1835）等剧本的情节都太不真实，加上雨果往往用诗体写作，缺乏舞台的艺术效果。1843年，他取材于中世纪德国的剧本《城堡里的伯爵》由于情节离奇和人物怪诞而上演失败，宣告了浪漫主义戏剧的结束。

随着七月王朝金融资产阶级统治的巩固，雨果采取了与现实妥协

的态度，一度活跃于政治舞台，将近 10 年没有发表作品。1841 年当选为法兰西学院院士，1845 年被国王路易·菲力普授予"法兰西世卿"的称号，但是他始终在君主立宪制度与共和政体之间摇摆不定。在 1848 年总统选举中支持路易·拿破仑·波拿巴，后来又成为国民议会中左派的领袖。1851 年路易·波拿巴发动政变、恢复帝制，雨果发表宣言试图反抗，失败后被迫流亡国外达 19 年之久。在流亡期间写出了《小拿破仑》（1852）等揭露和嘲骂拿破仑三世的小册子，同时紧密配合现实的政治斗争，发表了辛辣讽刺拿破仑三世背信弃义的《惩罚集》（1853）、题材多样的《静观集》（1856）和大型史诗《历代传说》（1859）等气势恢宏、感情奔放的动人诗篇。雨果改抒个人之情为抒民族之情、抒爱国之情，吹响了反对专制统治、歌颂光明和进步的斗争号角，同时使用富有表现力的跨行，大胆地改变了音节的顿挫，使这些感情奔放、想象奇特、色彩瑰丽、形象丰富的诗篇成为浪漫主义诗歌的杰作，雨果也因此而成为杰出的民主斗士和法兰西不朽的民族诗人。

雨果以诗人的目光去观察世界，他的小说充满了丰富的想象和强烈的感情，具有浪漫主义的特色。但他同时抱有济世救民的理想，在流亡期间尤其着力揭露不公正社会现实。长篇小说《悲惨世界》（1862）就是通过许多现实主

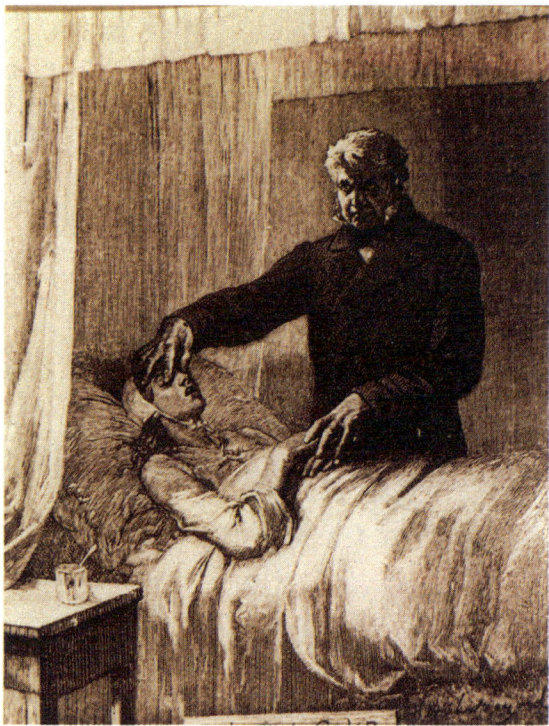

《悲惨世界》插图

义的场面和细节，描写了主人公冉阿让等穷苦人民的悲惨遭遇，对社会的黑暗和司法的不公提出了强烈抗议，宣扬了仁慈博爱可以杜绝罪恶和拯救人类的人道主义思想，堪称现实主义和浪漫主义相结合的典范。雨果的其他小说也是如此，例如《海上劳工》（1866）写渔民吉利亚特战胜了海上的狂风恶浪和暗礁，但是在发现未婚妻爱上了青年牧师之后，为了成全别人的幸福而在大海里结束了自己的生命，小说以此歌颂了劳动者的坚强意志和牺牲精神。《笑面人》（1869）取材于17和18世纪之交的英国，通过贵族后裔关伯伦的悲惨遭遇，将封建贵族的丑恶与劳动人民的善良进行了鲜明的对比。这些作品虽然受到人道主义思想的局限，但是内容丰富、情节感人，蕴涵着向非正义宣战的浪漫主义激情，因而具有震撼人心的艺术力量。

1870年普法战争爆发，拿破仑三世垮台，雨果回国时受到巴黎人民的热烈欢迎。他立即投入了保卫祖国的战斗，发表演说，探望伤员，捐款购买大炮。当巴黎公社被镇压的时候，他挺身而出，呼吁赦免公社社员，并把自己在布鲁塞尔的住宅作为他们的避难所。同时发表了最后一部长篇小说《九三年》（1874），小说宣扬了"在绝对正确的革命之上，有一个绝对的人道主义""在人世的一切问题之上，还有人心的无限仁慈"的观点，这种观点与他对革命斗争者的形象描绘有着明显的矛盾，但是在当时巴黎公社起义被残酷镇压、公社社员们面临死亡威胁的形势下，应该说仍然具有进步的意义。

雨果晚年仍坚持创作，完成了诗集《做祖父的艺术》（1877）、《历代传说》的二、三集（1877、1883）等作品。他去世后，法国政府和人民为他举行了隆重的国葬，将他安葬在伟人公墓。

雨果是举世闻名的大作家，他的许多小说都被搬上银幕，产生了广泛的影响。《悲惨世界》早在中国"五四"时期就有了中译本，现在他的作品大都已译成中文，由柳鸣九主编的《雨果文集》（20卷）也已出版。

大仲马

法国作家。生于巴黎附近的维莱科特雷县，卒于迪耶普附近皮伊。父亲是 18 世纪末法国资产阶级革命军队的将领，后因对拿破仑远征埃及的侵略行径不满，遭到拿破仑的排挤和冷遇。大仲马继承了父亲的共和主义传统，青少年时代就痛恨波旁复辟政权，1830 年 7 月曾参加推翻复辟王朝的战斗；第二帝国时期他是拿破仑三世政府的反对派，长期流亡在布鲁塞尔；晚年曾去意大利，协助民族英雄加里波第的战斗。

大仲马只上过几年小学，他的学识和文学才能主要靠自学。文学生涯始于戏剧创作，在家乡时曾与好友自编自演话剧。1823 年到巴黎后，在奥尔良公爵府供职，业余写作。他厌恶当时占领法国戏剧舞台的呆板沉闷的伪古典主义戏剧。在莎士比亚戏剧的影响下，他写出浪漫主义历史剧《亨利三世及其宫廷》，于 1829 年 2 月 11 日在法兰西喜剧院上演，获得成功，给伪古典主义戏剧一次猛烈的冲击。这出戏以 16 世纪的宗教战争为背景，以天主教联盟的领袖吉兹公爵的夫人与国王亨利三世的宠臣圣梅格兰的爱情故事为主要线索，反映了封建统治阶级内部的阴谋倾轧，借以影射复辟王朝。从此，大仲马加入了以雨果为首的浪漫派行列。1830 年 3 月成功地上演历史剧《克里斯蒂娜》，1831 年 5 月又以《安东尼》一剧震动巴黎。后者写复辟王朝末期一个叫安东尼的私生子同一位男爵夫人的爱情纠葛，首次把通奸的题材搬上了舞台。

19 世纪 30 年代中期，大仲马仿效英国作家司各特，开始创作历史小说，大多根据当时报刊的需要而写，先在报刊连载，后编印出版。出色的是 1844 年问世的《三个火枪手》。小说发表后，大仲马即成为法国最受民众喜欢的通俗小说家。《基督山伯爵》（1844—1845）的发表，则使他获得了更高的声誉。

此后 10 余年间，大仲马以极高的速度写作，据统计有 200 余部小说。著名的有《三个火枪手》的续篇《二十年后》（1845）和《布拉日罗纳子爵》（1848—1850）、《玛尔戈王后》（1845）、《约瑟夫·巴尔萨莫》（1846）及其续篇《王后的项链》（1849）、《昂日·皮图》（1851）、《沙尔尼伯爵夫人》（1852）等。

大仲马的贡献是在浪漫奇遇和真实背景相结合的境界中，以别具一格的方式描写了几百年的法国社会风貌。小说《三个火枪手》《基督山伯爵》等名著早在 20 世纪初就被译成中文，广为流传。

《三个火枪手》续篇《二十年后》中译本封面

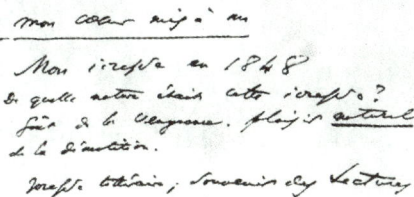

波德莱尔

法国诗人。生于巴黎，卒于巴黎。幼年丧父，母亲改嫁。继父欧皮克为人专横，波德莱尔憎恨他，但与母亲感情深厚。这种不正常的家庭关系，使波德莱尔对资产阶级的传统观念和道德价值进行挑战。1848 年巴黎工人武装起义，反对复辟王朝，他登上街垒，参加战斗。

成年以后，波德莱尔继承了生父的遗产，与巴黎文人艺术家交游，过着浪荡的生活。他的主要诗

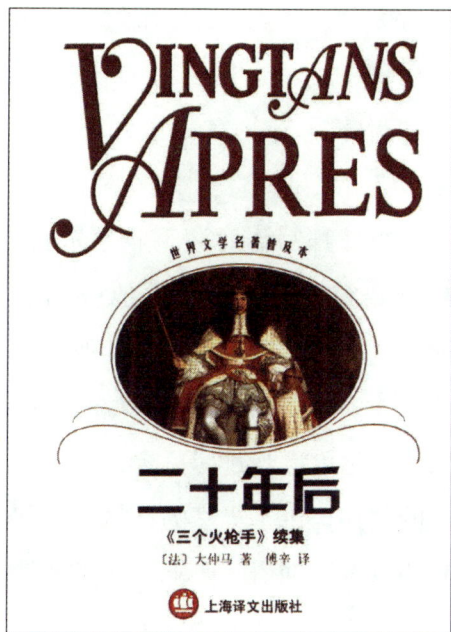

波德莱尔手迹

篇都是在这种内心矛盾和苦闷的气氛中创作的。

诗集《恶之花》奠定了波德莱尔在法国文学史上的重要地位。《恶之花》的"恶"字，法文原意不仅指恶劣与罪恶，也指疾病与痛苦。波德莱尔在诗集的扉页上写给诗人戈蒂耶的献词中，称自己的诗篇为"病态之花"，是一种"病态"的艺术。对于使他遭受"病"的折磨的现实世界怀有深刻的仇恨。这种仇恨情绪反映着作者对于健康光明甚至"神圣"事物的强烈向往。

波德莱尔不但是法国象征派诗歌的先驱，而且是现代主义的创始人之一。除诗集《恶之花》外，还发表了独具一格的散文诗集《人为的天堂》（1860）和《巴黎的忧郁》（1869）。他的文学和美术评论集《美学管窥》（1868）和《浪漫主义艺术》在法国文艺评论史上也有一定的地位。他还翻译了美国诗人爱伦·坡的《奇异故事集》和《奇异故事续集》。

波德莱尔的诗作和一些论文已有中译本。

福楼拜

法国作家。生于鲁昂，卒于克鲁瓦塞特。父亲是鲁昂市立医院院长兼外科主任，他的童年在医院里度过。他在中学里对戏剧感兴趣，很早就开始了文学创作，写出了小说《圣安东的诱惑》，结果却因"不守纪律"被勒令退学。后来他遵从父亲的意愿学习法律，不久因病辍学，全家迁居鲁昂附近的克鲁瓦塞。父亲于1846年去世之后，他和母亲一直住在那里，埋头写作，终身未婚，直至59岁时去世。

福楼拜写作时注重收集资料，进行观察和分析，为此他曾到法国各地旅行，还游历了马耳他、埃及、土耳其、希腊和意大利等国家，到伦敦参观过博览会，为他以后的创作提供了丰富的素材。他同时注意选择词语，要求读起来声调和谐、抑扬顿挫。他发表的第一部小说《包法利夫人》（1857），讲述一个农村少女如何在不良的社会环境里日益堕落，最后不得不自尽的故事。这是他用了将近 5 年时间，字斟句酌地推敲而成的。小说发表后引起轰动，受到评论界和读者的赞誉，使他一举成名。但是小说的批判锋芒也触犯了当局，他被指控为诽谤宗教、败坏道德。他在压力之下开始转向古代的题材。5 年之后发表了历史小说《萨朗波》（1862），生动地再现了古代迦太基人的内战历史。他还找出了他早在 1845 年就完成的小说《情感教育》的旧稿，结合 1848 年革命前后的社会现实进行修改，于 1869 年发表。小说的主人公是个名叫毛漏的年轻人，思想平庸，性格懦弱，在社会发生激烈变革的时刻浑浑噩噩，像一块面团一样任人揉搓，不知道什么叫作自主，终于走上了堕落的道路。小说再现了革命爆发时重要的历史场面，塑造了各种类型的人物，尤其是通过毛漏这个耽于幻想、无所作为的形象，生动地反映了当时一些青年消极庸俗的处世态度和淫靡享乐的社会风气。然而《情感教育》的发表正值普法战争的前夜，人们无暇顾及，这部小说直到 10 年以后才开始获得赞誉。

福楼拜早在中学里就写出的小说《圣安东的诱惑》，于 1874 年修改出版。这是一个中世纪埃及的圣徒战胜魔鬼的种种诱惑的传说，表达了作者对贪欲的厌恶。《三故事》（1877）是短篇小说集，其中第二篇故事《淳朴的心》描写了一个女仆的平凡的一生。她为人淳朴善良，然而闭塞保守的生活环境却造成了她愚昧麻木的性格，使她成了社会的牺牲品。他最后的作品是未完成的小说《布瓦尔和白居谢》

《布瓦尔和白居谢》插图

（1880），讽刺了布瓦尔和白居谢这两个学来学去一事无成的蠢货，他们几乎学习了所有的学科，结果却大吃苦头、洋相百出。为了写这部小说，福楼拜读了1500多本科学著作，渊博的知识和辛辣的讽刺使它成了一本风格独特的奇书。

福楼拜是现实主义的大师，真实和美是他艺术创作所遵循的准则。他往往通过不动感情的白描手法再现环境和人物，而且用词准确明晰、一字千金，三言两语就能准确地抓住特征、烘托气氛，把环境与人物有机地结合起来，使他的作品成为法语的典范。福楼拜的创作对莫泊桑等作家影响很大，他的主要作品已由李健吾等译成中文，《包法利夫人》有多个中译本。

小仲马

法国小说家、戏剧家。生于巴黎，卒于马尔利勒鲁凡。著名作家大仲马与一个缝衣女工的私生子。7岁时大仲马才认其为子，但仍拒不认其母为妻。私生子的身世使小仲马在童年和少年时代受尽世人的讥诮。成年后痛感社会的淫靡之风造成许多像他们母子这样的被侮辱与被损害者，决心通过文学改变社会道德。他曾说："任何文学，若不把完善道德、理想和有益作为目的，都是病态的、不健全的文学。"而探讨社会道德问题，则是贯穿其文学创作的中心内容。1848年小说《茶花女》的问世，使小仲马一举成名。根据小说改编的同名话剧于1852年首次演出，获得更大的成功。《茶花女》写苦于不能自拔的名妓玛格丽特的恋爱悲剧，揭露资产阶级道德的虚伪和罪恶。这部作品兼有浪漫主义和现实主义的特色，是法国戏剧由浪漫主义向现实主义演变时期的优秀作品。小仲马后来写了20余部剧作，现实主义倾向更为鲜明。其中比较成功的有《半上流社会》（1855）、《金钱问题》（1857）、《私生子》（1858）、《放荡的父亲》（1859）、《欧勃雷夫人的见解》（1867）、《阿尔丰斯先生》（1873）、《福朗西雍》（1887）等。小仲马的剧作大多以妇女、婚姻、家庭问题为题材，或描写在资产阶级淫靡风尚毒害下沦落的女性，或表现金钱势力对爱情婚姻的破坏，或谴责夫妻之间的不忠，比较真实地反映了资产阶级道德的腐朽性质。作为法国现实主义戏剧的先驱者之一，其剧作富有现实的生活气息，以真切自然的情理感人，结构比较严谨，语言通俗流畅。小仲马于1875年当选为法兰西学院院士。小说和剧本《茶花女》都有中译本。

左 拉

法国小说家。生于巴黎，卒于巴黎。父亲是意大利人，母亲是希腊人。7岁时父亲病故，他和母亲在外祖父的接济下生活。在中学时已显露文学才华，试写了一部历史小说、一些诗歌和一出喜剧。1857年，随外祖父和母亲迁居巴黎，靠助学金读完中学。1862年进阿歇特书局当打包工人，不久以诗作出众被擢升为广告部主任，同时陆续在报刊上发表作品。

最初几年，左拉先后发表了中短篇小说集《给妮侬的故事》（1864）和长篇小说《克洛德的忏悔》（1865）、《一个女人的遗志》（1866）、《马赛的神秘》（1867），他对社会题材的浓厚兴趣及其民主的思想倾向已经相当鲜明。《克洛德的忏悔》描写一个女子的堕落和悔悟，自然主义的创作方法已见端倪。警方认为此书"有伤风化"而进行调查，又发现左拉为第二帝国的反对派报纸撰稿，并与共和派进步人士交往甚密，迫使左拉于1865年辞去书局的职务。

19世纪60年代，在法国科学技术突飞猛进的形势下，泰纳在《艺术哲学》（1865）等著作中运用科学方法研究文艺问题，指出种族、时代和环境对作家及其作品所产生的重大影响；生理学家贝尔纳在《实验医学研究导论》（1865）中力倡在生物学和医学研究上应用科学实验方法，做出了重要贡献；龚古尔兄弟连续发表了几部以对人物进行病理分析为特色的小说。在他们的影响下，左拉参考了把社会视为生物学机体的孔德的实证主义哲学，提出他的自然主义文学理论。

左拉认为既然可以用实验方法认识物质世界，也就可以认识"情感和精神的生活"；他主张小说家充当事实的收集者和根据事实进行实验的实验者，所以重视搜集资料，做一个"科学家"，而不对所写事物做政治的、道德的和美学的评价；他尤其强调生物学的决定论，认为人的生物本能支配其社会行为。

左拉根据他的自然主义文学主张，写了《黛莱丝·拉甘》（1867）和《玛德莱纳·菲拉》（1868）两部长篇小说。前者被作者称作"对生理学一种病况的有趣的研究"，后者则是研究隔代遗传对人的影响。但这两部志在革新的小说遭到了冷遇。

左拉从1868年开始，准备写一部《人间喜剧》式的大型作品——《鲁贡玛卡一家人的自然史和社会史》。他先攻读生理学，研究了大量的病例和史料，还绘制出一幅鲁贡玛卡家族世系分支图表。按左拉的预想，这部巨著将是"第二帝国时代一个家族的自然史和社会史"，它将首先"研究一个家族中的血统和环境问题"，然后是"用事实和感觉描写出这个时代的社会面貌，并且在各种风俗和事件的细节中刻画出这个时代"。

从28岁到53岁，左拉勤奋地写作了25年，终于完成了这部巨著。它包括20部长篇小说，出场人物达1000余人，题材几乎涉及法兰西第二帝国和第三共和国时期法国社会的政治、军事、宗教、商业、科学、艺术各个方面，描写了上流社会和工人、农民等各种人物及其生活。这些小说的思想价值和艺术成就参差不齐，但是总起来说，无疑是病理研究让位给了社会研究，生物学决定论让位给了社会环境决定论，"家族史"让位给了"社会史"，现实主义终于取得了对自然主义的优势。

在全书第一部《鲁贡玛卡家族

的命运》（1871）中，左拉原想表明精神病患者和酒精中毒者的后代从遗传中所受的重大影响，但实际上在小说中占主导地位的却是拿破仑第三政变时革命和反革命的斗争这一富有社会意义的内容，揭露了这次政变的不得人心及其拥护者的可憎面目，而鲁贡玛卡家族后裔中一些人在对立的两个阵营里都扮演了重要的角色。

第二帝国时期的投机家和冒险家的典型，在《鲁贡家的发迹》（1871）中首先登场。鲁贡家族的第三代成员阿里斯第德依靠任帝国部长的弟弟的势力当上路政副专员，干起房地产投机的勾当，最后破产。此人在《金钱》（1891）中重又登场，从事股票投机。资产阶级投机家、冒险家的丑恶嘴脸，交易所大王们你死我活的角逐，在这些作品中有着生动的写照。

1877年问世的长篇小说《小酒店》，是左拉表现当代工人的第一次认真的尝试。他在写作计划中明确地指出，这是一部"关于工人的小说"，它"解释民众的风尚、罪过、堕落、精神上和肉体上的畸形"，这一切"是由于现代社会工人所处的环境和条件"造成的。小说所描绘的劳动者非人的生活状况，是对资本主义制度的控诉。

在1880年大赦以后工人运动复兴的形势下所写成的《萌芽》（1885），表现了左拉对于社会政治问题的更强烈的兴趣。正如他在写作提纲中所说，这部作品写的是"雇佣劳动的崛起"和"资本与劳动的斗争"。小说以一个矿区为背景，描写了法国产业工人的生活和斗争，反映了少数工人的消沉和多数工人的奋进，而以一次大规模罢工和军警的血腥镇压作为高潮。它在法国文学史乃至世界文学史上，第一次比较成功地在长篇小说中塑

《萌芽》插图

造了革命的无产者的形象,是左拉的现实主义达到最高成就的一部杰作。

长篇小说《崩溃》(1892)描述普法战争中法军在色当之役的惨败,并把这一历史事实表现为以前各卷中所描写的社会恶性发展的必然结果,从而完成了整个第二帝国的社会史。

继这部巨著之后,左拉又写了长篇小说三部曲《三名城》。其中《卢尔德》(1894)写教士皮埃尔陪女友去圣迹洞求神治病,结果发现所谓圣母显灵纯系骗局。《罗马》(1896)写皮埃尔著书以图改革基督教,遭到教皇拒绝。这两部小说是对教会的一次清算,揭穿了宗教的虚妄,并得出只有摒弃宗教、提倡科学才能解救社会的结论。《巴黎》(1898)则通过皮埃尔的弟弟、无政府主义者吉约姆放弃炸毁圣心教堂的故事,阐明了作者关于以科学发明来改良社会的思想。

就在左拉动笔写《三名城》的1894年,发生了法国军方陷害犹太血统的军官德雷福斯的冤案。左拉得知真相后立即投入为德雷福斯申冤的斗争中,为此发表一系列演说、文章,特别是1898年1月发表题为《我控诉》的致共和国总统的著名的公开信,有力地推动了这场斗争;但同时也招致反动势力的迫害,1898年7月他被无理判处一年徒刑和3000法郎罚款。他在宣判的当天逃亡到英国,直到次年7月回国。

左拉在流亡英国期间开始写作四部曲《四福音书》,其中《繁殖》(1899)歌颂家庭和天伦之乐;《劳动》(1901)根据傅立叶空想社会主义思想,表达了通过劳动社会化达到人类和谐的理想;《真理》(1903)是德雷福斯案件的艺术的再现;计划中的《正义》的主题是宣扬各民族团结合作,让公平和正义主宰人类,但是他未及完成这部小说即因煤气中毒去世。

除长篇小说和自然主义理论著作外,左拉的重要作品还有中、短篇小说集《给妮侬的新故事》(1874)、《布尔勒上尉》(1882)、《纳依斯·米库兰》(1884),其中的《磨坊之役》《陪衬人》《铁匠》等篇都是思想性和艺术性很高的作品；他还著有剧本《拉布丹家的继承人》（1874）、《狂风》（1901）等；批评著作《我的仇恨》（1866）、《文学文献》（1881）、《真理在前进》（1901）以及《杂文、序言、讲演集》（1929）和大量书简。

左拉的成就在于通过描写各阶级、各领域的大量作品，相当真实地再现了19世纪后半期法国从资本主义向帝国主义过渡时的社会场景，反映了从拿破仑第三政变到色当战役乃至德雷福斯案件等一系列重大的历史事件和社会矛盾。他接触到资本主义制度下劳动者的恶劣的劳动与生活条件和工人运动等许多重大社会问题，并且一贯同情人民大众，谴责资产阶级。他的长篇小说的基本艺术风格是气势雄浑，笔力酣畅。

左拉的小说创作和自然主义理论深深地影响了19世纪后数十年的法国文学。法朗士在左拉墓前的演说中，不但赞扬他的人格，称他在德雷福斯事件中的表现是"人类良心的一个关头"，而且高度推崇他的文学成就，认为在当时的世界文坛上只有托尔斯泰可以与之相比。《萌芽》等作品至今在法国畅销不衰，列宁也非常喜爱左拉的为人及其作品。左拉是中国读者比较熟悉的法国作家之一。他倡导的自然主义传播到世界各国，对中国作家茅盾等人也有所影响。他的重要作品如《小酒店》《萌芽》《娜娜》等都早有中译本。

莫泊桑

法国作家。生于滨海塞纳省的米洛梅尼尔堡，据考证为现在的费康市，卒于巴黎。1869年到巴黎攻读法学，适逢普法战争爆发，应召入伍，亲身经历了法军的惨败。从1872年开始，先后在海军部和教育部任职。19世纪70年代是他文学创作的重要准备阶段。1879年，以左拉为首的6位主张自然主义的作家在梅塘别墅聚会，商定各写一篇以普法战争为背景的中短篇小说，汇成小说集《梅塘之夜》，于1880

年出版。莫泊桑以其《羊脂球》一举成名，从此开始了作家生涯。他的作品绝大部分都是在1880—1890年之间写成的，有中短篇小说约300篇，长篇小说6部，游记3部，以及许多关于文学和时政的评论文章。创作上受福楼拜、左拉、屠格涅夫的影响。

莫泊桑的文学成就短篇小说最为突出，有"短篇小说巨匠"的美称。他的短篇小说的题材分为普法战争、公务员生涯和诺曼底农村三个部分。他侧重摹写人情世态，充分显示出他的社会风俗画家的才能。构思布局别具匠心，文字简洁、质朴，细节描写、人物语言和

莫泊桑的作品中经常描写的划船游客（雷诺阿绘）

故事结尾都有独到之处。以普法战争为背景的一组作品，在他的短篇小说中占有重要地位，例如《两个朋友》（1883）写两个热衷垂钓的法国平民横遭普鲁士侵略军屠杀，抨击侵略战争；《米隆老爹》（1883）写一个智勇双全的游击英雄；《蛮大妈》（1884）写一个为儿子报仇的农村老妇；《决斗》（1883）写一个退伍老兵在决斗中杀死占领军军官，等等。这些小说讴歌了普通人民打击侵略者的爱国主义精神，其中最出色的是他的名作《羊脂球》。描写公务员的短篇小说中，主要有《一家人》（1881），写一对夫妇误以为母亲已死而抢占遗产的丑剧。《我的叔叔于勒》（1883）通过一对小资产阶级夫妇对亲兄弟的势利态度，表现资本主义社会人与人之间的冷酷关系。《项链》（1884）通过一个醉心奢华的女子的遭遇，讽刺了小资产阶级的虚荣心，谴责了金钱万能的资本主

义制度。此外，像讽刺小职员贪图虚荣的《勋章到手了！》（1885），描写小市民计较蝇头小利的《雨伞》（1884）等，也都是脍炙人口的名篇。描写诺曼底农村的短篇小说有《一个女雇工的故事》《戴家楼》《一个诺曼底人》《瞎子》等，作家生动地描绘了法国北部滨海地区的自然风光和人情世态，同时真实生动地刻画了劳动人民既淳朴天真又自私狡黠的性格，反映了他们悲惨的贫困生活。莫泊桑的短篇小说在思想性和艺术特色方面参差不齐，瑕瑜互见。《巴里斯太太》和《一次郊游》中流露出自然主义的趣味，《孤独》《小客栈》《奥尔拉》等带有神秘主义色彩。

莫泊桑的长篇小说也达到比较高的成就。他的6部长篇小说是《一生》（1883）、《俊友》（1885）、《温泉》（1886）、《皮埃尔和若望》（1887）、《像死一般坚强》（1889）和《我们的心》（1890）。《一生》写贵族少女让娜由幻想到幻灭的一生。她向往纯真的爱情和幸福的婚姻，但她的丈夫却是个卑鄙无耻之徒；她转而把希望寄托在儿子身上，但儿子也使她失望；最后在女仆的救助下苟延残生。小说反映了在资本主义经济关系和资产阶级风尚冲击下地主贵族生活方式的必然瓦解，所歌颂的就是保持劳动人民本色的女仆。《俊友》是莫泊桑一部最富有现实社会意义的长篇小说，它写退职的下级军官杜洛阿在报馆就业，依靠招摇撞骗，特别是勾引上流社会女子，走上飞黄腾达的道路，最后娶了报馆老板的女儿为妻。小说中所描写的部长、议员以及新闻、司法和宗教各界的上层人物与杜洛阿是一丘之貉。它还揭示了法兰西第三共和国的内阁要员，为了金融巨头的利益，蒙骗议会和公众，发动掠夺摩洛哥的殖民主义战争，暴露了资产阶级民主的虚伪性和资本主义政权扩张的本质。

莫泊桑从70年代开始长期为疾病所折磨，他始终是在同病魔的顽强搏斗中进行写作的，最后年仅43岁就因精神病严重发作去世。

莫泊桑的作品有《莫泊桑中短篇小说全集》等中译本，其中《俊友》又译为《漂亮朋友》。

罗曼·罗兰

法国作家、社会活动家。生于法国中部高原上的克拉姆西镇，卒于韦兹莱。15岁随父母迁居巴黎。他从小就在母亲的熏陶下养成了对音乐的爱好，到巴黎上中学后醉心于托尔斯泰和雨果的作品，形成了主张非暴力的人道主义思想。1886年他考入了巴黎高等师范学校，开始与托尔斯泰通信，毕业后获中学历史教师资格，赴罗马研究历史。回国后从1893—1895年在中学任教，1895年6月获文学博士学位，10月到巴黎高等师范学校教授艺术史，同时创作了《卡里古拉》《芒图之围》等几个历史剧，但未能上演。三出"信仰悲剧"即《圣路易》(1897)、《阿埃尔》(1898)和《理性的胜利》(1899)也受到冷遇。在德雷福斯案件中，他在社会主义思潮的影响下参加了"人民戏剧"运动，创作了《群狼》(1898)、《丹东》(1900)和《七月十四日》(1902)等以法国大革命为题材的"革命剧"，表达了他厌恶暴力和实现全人类博爱的理想，不过这些史诗般的剧本由于艺术上不大成功而很少上演。

罗曼·罗兰认为世纪之交的欧洲令人窒息，需要呼吸英雄的气息，是一个需要伟人的时代。于是他开始为他所崇拜的作家和艺术家写传记，其中主要有《贝多芬传》(1903)、《米开朗琪罗传》(1906)和《托尔斯泰传》(1911)。罗曼·罗兰的名人传记与众不同，他认为伟人并非完人、英雄出自患难，他们的伟大是因为没有在痛苦和孤独中屈服，而是敢于与命运抗争到生命的最后一刻。所以这些传记如实地描绘了伟人们的苦难和坎坷，他们与常人一样的痛苦、矛盾和彷徨，赞美了他们的高尚品格和在厄运中顽强奋斗的精神。

从1904年起，罗曼·罗兰开始在他的好友夏尔·贝玑(1873—1914)主编的《半月手册》上连载他的10卷本长篇小说《约翰·克利斯朵夫》，每年汇成一卷出版，至 1912 年出齐。全书出版后荣获法兰西学士院文学大奖，罗曼·罗兰从此成为职业作家。第一次世界大战爆发前夕，他在 1913 年春夏回到故乡克拉姆西镇小住，重新体验了古老的高卢乡村气息，一气呵成地创作了中篇小说《哥拉·布勒尼翁》（1919）。小说塑造了木匠哥拉·布勒尼翁这个天性乐观的高卢人的形象。作品中的主人翁生活在闭塞的外省地区，生于宗教战争的动乱时代，经历了战争、瘟疫、火灾等种种不幸的遭遇，但始终以乐天主义的态度享受人生，俏皮幽默、自得其乐。《哥拉·布勒尼翁》继承了拉伯雷的风格，充满了谚语格言、滑稽故事，体现了法国民族文化的传统和崇高乐观的人道主义精神。

第一次世界大战刚刚爆发，罗曼·罗兰就发表了一系列反战文章，后来结集为《超越混战之上》（1915）出版。由于他杰出的文学成就和他的反战态度，瑞典文学院不顾法国政府的阻挠，授予他 1915 年度的诺贝尔文学奖。这次授奖推迟到将近 1916 年年底才宣布，没有举行授奖仪式。罗曼·罗兰由于反对战争而被民族主义者和沙文主义者当成"人民公敌"，但是他毫不退却，继续发表了《致各国被杀害的人民》（1916）和《精神独立宣言》（1919）等文章，后来收入《超越混战之上》的续集《先驱者》（1919）出版。除此之外，他还身体力行，参加了瑞士红十字会的战俘服务处的工作，并且把诺贝尔奖金分赠给几个救济战争难民的民间团体。

大战以后，罗曼·罗兰于 1919 年参加了巴比塞创立的"光明社"，

《约翰·克利斯朵夫》插图

在 20 年代发表了反战的中篇小说《皮埃尔和吕丝》（1920）、长篇小说《格莱昂波》（1920）和《甘地传》（1923），并且继续创作了革命剧《爱与死的较量》（1925）、《百花盛开的复活节》（1926）和《流星》（1928）。罗曼·罗兰主张"精神独立"，因而与巴比塞产生了分歧。经过长期的内心矛盾与斗争，他在 1931 年发表了《与过去告别》，从此积极投身于政治活动，例如担任国际反法西斯委员会主席，声援西班牙人民的正义斗争，主持世界保卫和平大会，应高尔基的邀请访问苏联等。他在 20 年代写作的多卷本长篇小说《欣悦的灵魂》（1922—1933，一译《母与子》）充分反映了他在这一时期的思想历程。他在 30 年代还发表了政论集《战斗十五年》（1935），文学评论集《旅伴》（1936）和革命剧《罗伯斯比尔》（1939）。第二次世界大战期间，在祖国沦陷的情况下，他不顾黑暗势力的威胁和迫害，以顽强的毅力抱病写作，直至 78 岁时去世，完成了《内心旅程》（1942）等回忆录，以及《贝玑传》（1945）和 7 卷本的巨著《伟大的贝多芬》。

《欣悦的灵魂》是一部由《安乃德和西尔薇》《夏季》《母与子》与《女信使》4 卷组成的长篇小说。内容是安乃德在 20 岁时继承了父亲的大笔遗产，却在整理父亲的书信时发现他与情人生有一个女儿西尔薇。安乃德找到了她，两人十分亲密。安乃德在大学里爱过注重名利的洛瑞·勃里索，两人因性格不合而分手，自己成了未婚母亲；这时财产又被负责经营的经纪人输光，她变得一贫如洗，但是她顽强地靠双手艰难谋生。第一次世界大战爆发后，她反对战争，同情负伤的军人，甚至帮助一名奥地利战俘逃跑，引起了儿子玛克的误解。后来玛克逐渐克服了虚无主义和无政府主义，积极参加反法西斯斗争和反战运动，最后在佛罗伦萨街头被法西斯分子刺死。玛克死后，安乃德继承儿子的遗志继续斗争，直到病逝。《欣悦的灵魂》体现了罗曼·罗兰本人在 20—30 年代初的思想演变过程，具有鲜明的社会主义倾向。不过由于罗曼·罗兰对于革命生活没有直接的体验，因此人物形象不够丰满，缺乏发自内心的激情，加上议论过多，显得烦琐沉闷，所以没有产生像《约翰·克利斯朵夫》那样深远的影响。

《约翰·克利斯朵夫》早在1937年就由傅雷译成中文，现在已有多个中译本。罗大冈翻译的《欣悦的灵魂》以《母与子》为书名，在1980、1985和1987年分上、中、下三册出版。罗曼·罗兰的人格和作品，对巴金等中国作家产生过很大的影响。

普鲁斯特

法国作家。生于巴黎一个富裕家庭，卒于巴黎。父亲是医学院教授，母亲是富有的犹太经纪人的女儿。他从9岁起就开始犯哮喘病，终身为病魔所苦。他中学成绩优异，毕业后于1889年当了一年志愿兵，1890年进政治学院学习法律，还在巴黎大学进修过柏格森的课程。普鲁斯特爱好文学，1895年获巴黎大学文学士学位，曾一度到马扎然图书馆担任职员。他在青少年时代喜欢交际、兴趣广泛，忙于拜访友人、旅行和度假，是上流社会的时髦少年。他在这一时期注意观察和学习，为以后创作巨著《追忆似水年华》积累了丰富的资料。他在德雷福斯案件期间站在左拉、法朗士等进步作家一边，属于德雷福斯派。

普鲁斯特起初在一些报刊上发表散文和文章，并于1896年结集出版，名为《欢乐与时日》，由法朗士作序。作品描绘的是上流社会中游手好闲、百无聊赖的生活，显示出魏尔兰式的象征主义的影响。从这一年开始写作《让·桑德伊》，小说虽然是以第三人称写的，却完全是一部自传，从中可看出《追忆似水年华》的许多痕迹。这部小说缺乏统一的结构，所以他没有写完就放弃了，直到1952年才有人将它整理出版。

与此同时，普鲁斯特还在报刊上发表评论，包括他对英国艺术评论家罗斯金的《亚眠的圣经》

和《芝麻与百合花》的翻译和介绍。罗斯金认为艺术不是爱美者的一种消遣，而是一种"宗教"、一种哲学，它告诉我们世界的真相；美不是一种快乐的对象，而是一种比真实的生活重要得无可比拟的现实等，这些观点使普鲁斯特深受启发。他从 1908 年开始写作关于文学批评家圣伯夫的评论，至 1909 年末遭到出版商的拒绝而放弃，手稿到 1954 年才经人整理为《驳圣伯夫》出版。在这些评论中，普鲁斯特指出圣伯夫并非文学评论的楷模，因为他采用"科学的"方法去

观察作家，把作品与写作的人混为一谈。普鲁斯特反对这种方式，认为产生作品的是内心的自我，与作家显示给别人看的外在的自我不同。所以他要写一部作品来表现自己的真实生活，这就是从 1909 年开始写作的《追忆似水年华》。

《追忆似水年华》分为 7 卷，分别出版于 1913、1918、1920、1921—1922、1923、1925、1927 年。普鲁斯特一生忍受着病痛的折磨，呕心沥血，反复修改文稿，直至去世，因此这部巨著是他尽毕生之力完成的杰作。小说没有什么令人难忘的故事，甚至没有传统小说所必需的情节，也没有刻意塑造的人物，而只是作者的回忆。这种回忆并非值得大书特书的事件或经历，而只是回忆往昔的日常生活，通过回忆来再现昔日的时光，也就是追寻并且重新拥有已经消逝的年华。它的描写不是为了反映现实，而是作者对他的个人生活的流水账式的记录。小说的主题就是作者的一生，他在上流社会里的

普鲁斯特手迹

交往，特别是和女人的种种感情。这些事情本身并无奇特之处，但是由作者毫无保留地袒露出来却非比寻常。

《追忆似水年华》改变了小说的传统观念，革新了小说的题材和技巧，可以说是柏格森思想的文学化，它既是作者一生心理活动的记录，又是那个时代精神气质的组成部分。这种记录不像传统小说那样受到理性的限制，因而十分真实，但同时又不像乔伊斯的《尤利西斯》那样杂乱无章，而是记录了作者感受最深、最值得回忆的东西，所以非常感人。这部小说不是本义上的回忆录，不是回顾主人公的丰功伟绩或非凡经历，而是对人生的沧桑、情欲的变化、男女的悲欢等一切看似平凡却又永恒的现象，进行富于哲理的回想和评说。加上小说中细腻的心理描写、宏伟深邃的结构和行云流水般的文字，连忌妒和恶习也叙述得娓娓动人，读来给人以无穷的回味。

加缪

法国小说家、戏剧家、评论家。生于阿尔及利亚蒙多维，卒于法国桑斯附近。母亲是西班牙人，父亲是法国人，1914 年父亲在第一次世界大战中战死。加缪在阿尔及尔的贫民区依靠母亲艰难度日，并靠奖学金和半工半读受到系统教育。在阿尔及尔大学专修哲学，获学士学位。1933 年希特勒上台不久，加缪参加了巴比塞等人倡导的反法西斯运动，1935 年秋加入阿尔及利亚共产党，在穆斯林居民区从事宣传工作，后因法共改变了对阿拉伯人的政策而于 1937 年退党。从 1935 年开始从事戏剧活动，曾创办剧团，也创作剧本，并扮演过许多角色。他先后发表随笔集《反面和正面》（1937）、散文集《婚礼》，同时开始新闻记者的生涯。1941 年投身于抵抗德国法西斯的斗争，积极参加法国《战斗报》的地下抗敌活动。

加缪主要的小说有成名作《局外人》（1942）以及《鼠疫》（1947）、《堕落》（1956）和短篇小说集《流放和王国》（1957）等。剧作有《误会》（1944）、《卡利古拉》（1945）、《戒严》（1948）和《正义者》（1949）。此外，散文和论文集有《西西弗斯神话》（1942）、《致一位德国朋友的信》（1945）、《反抗者》（1951）等。

加缪被认为是存在主义作家，他认为世界是荒谬的，人的生存状态以及人与周围社会的关系也是不可理解的。他的代表作《局外人》就是反映这种"荒诞情感"的典型作品。他在随笔《西西弗斯神话》中也同样地阐述了这种观点，认为人生在世，就像神话中的西西弗斯那样，吃力地推着巨石上山，而那巨石总是滚落下来，如此反复，没有尽期。人类具有与荒谬世界对抗的力量，虽然这种力量改变不了这个世界。加缪反对悲观绝望，反对以自杀来了结人生。他认为像西西弗斯那样推石上山，虽是徒劳无功，却意味着人对光明和幸福的憧憬和追求。

加缪的另一部代表作《鼠疫》是法西斯蹂躏下的法国的写照。作者以鼠疫来比喻法西斯的肆虐，主题思想上较之《局外人》有明显的进步。书中尽管同样描写世界和人的生存条件的荒谬，但是宣称人类应该不靠任何救世主，应该团结起来向这个荒谬的世界开战。作者第一次在小说中塑造了里约医生这样富于人道主义精神、为拯救人类生命敢于同"恶"进行顽强斗争的英雄形象。

加缪对处于水深火热之中的劳苦大众始终寄予深切的同情。他反对暴力，宣扬"纯粹的反抗"，反对以革命的名义来行使暴力的强权法则。《反抗者》一书因此曾引起激烈的争论，并最终导致了加缪与萨特的决裂。

加缪于1957年获诺贝尔文学奖，1960年因车祸去世。他的作品在法国至今畅销不衰，在中国有多种中译本。

莱 辛

德国戏剧家、戏剧理论家。

生平　生于德国劳西茨地区的卡门茨，卒于瑞士不伦瑞克。1741年到迈森贵族学校上学，同时从事文学创作。喜剧《年轻的学者》就是在这时开始动笔的。1746年进入莱比锡大学学神学。丰富多彩的大学生活，改变了他的生活理想，他违背父母的意愿放弃神学，决心献身戏剧事业。他从速写完《年轻的学者》，1748年由著名的诺伊贝尔夫人剧团演出，很受欢迎。接着又写了几部喜剧。1748年诺伊贝尔夫人剧团解散，莱辛作为剧团一些演员的保人怕债主逼债，离开莱比锡到维滕贝格上学，但学业未完，就于同年来到柏林。

1748—1760年，他除了为获取学位短期住在维滕贝格外，其余时间大都留在柏林。最初在一些报刊当编辑和撰稿人，不久，独立主编《柏林特许报》文学副刊。以后，又结识了哲学家门德尔松（1729—1786）和出版家尼科莱，三人共同编辑出版了《关于当代文学的通信》。莱辛还自己主办了《戏剧文库》，介绍和评论外国戏剧，特别是英国戏剧。在柏林期间，莱辛完成了剧本《萨拉·萨姆逊小姐》（1755）。剧本的出版和演出坚定了莱辛从事戏剧事业的决心。1756年5月曾到荷兰、英国等地旅行。返回莱比锡后翻译出版了《狄德罗先生的戏剧》（1760）。

1760年10月，莱辛从柏林来到布雷斯劳，当了普鲁士将军陶恩钦的秘书。1765年5月又回到柏林，完成了反普鲁士的喜剧《明娜·封·巴尔赫姆或军人之福》（1767）。不久，汉堡民族剧院建立，莱辛任戏剧艺术顾问。1767年4月，莱辛来到汉堡，对演出的剧本和演员的表演进行评论。这些评论最后汇集成《汉堡剧评》，于1769年出版。民族剧院因经济问题于1768年10月关闭。莱辛为了生活，1770年到布林斯韦克公爵的沃尔芬比特尔图书馆当了图书管理员。在此期间，他完成了一系列重要著作，其中包括著名悲剧《爱米丽雅·迦洛蒂》（1772）和《智者纳旦》（1778）等。1781年莱辛因脑出血在不伦瑞克逝世。

戏剧创作　莱辛的剧作从一开始就具有鲜明的社会批判倾向。喜剧《年轻的学者》（1747）嘲笑了那种只知死啃书本、对现实生活一无所知的书呆子。接着又写了喜剧《达蒙或真正的友谊》（1747）、《老处女》（1748）等。《犹太人》（1748）驳斥了人们对犹太人的偏见；《怀疑论者》（1749）写对宗教持怀疑态度的人与虔诚的教徒之间如何彼此理解、和睦相处。这两部作品所表现的思想是莱辛毕生为之奋斗的理想。《财宝》（1750）是根据普劳图斯的《三角钱戏剧》改写的，剧中嘲讽了市民家庭对嫁妆的追求。莱辛这些早期戏剧基本上是按照法国古典主义格式创作的，还没有形成自己的独特风格。

悲剧《萨拉·萨姆逊小姐》在德国戏剧发展史上具有重大意义，它标志着德国戏剧进入了一个新阶段。剧本描写密勒封抛弃了原来的情人玛乌德又爱上了萨拉，玛乌德

千方百计破坏他们之间的关系，最后毒死了萨拉。剧本突破了当时占统治地位的观念，市民代替王公贵族成了悲剧的主人公，成为德国的第一部市民悲剧。

1755—1758年，莱辛研究了古希腊戏剧，尤其是索福克勒斯的作品，并写了一部仿古独幕剧《菲罗塔斯》（1759）。还研究了关于浮士德的传说，写成剧本《浮士德博士》（1759），但没有写完，只有第二幕第三场流传下来。

《明娜·封·巴尔赫姆》是莱辛的三大名剧之一，也是第一部具有民族特色的德国戏剧。剧本描写七年战争中，普鲁士军官巴尔赫姆被指控犯有受贿罪。原因是战争期间他奉命在萨克森某地征收占领税时，自己垫钱为百姓补上欠款。巴尔赫姆受到了当地居民的爱戴和少女明娜的敬爱。两人相爱订婚。巴尔赫姆被解职后生活无着、名誉扫地，明娜得知此事，来到柏林，但巴尔赫姆不愿让别人为自己遭受不幸，要求与明娜解除婚约。最后巴尔赫姆冤案澄清，他们圆满结合。巴尔赫姆品格高尚，心地善良，他

自尊、自爱，但有些过分，以至令人发笑，是一个性格鲜明、带有喜剧色彩的人物。这在德国戏剧史上第一次克服了人物塑造类型化的毛病，把自然和真实作为喜剧创作的基本原则，为喜剧发展开创了新阶段。同克莱斯特的《破瓮记》和豪普特曼的《獭皮》一起被誉为德国的三大喜剧。

《爱米丽雅·迦洛蒂》是借用古罗马历史事件写成的著名反封建悲剧。与《爱米丽雅·迦洛蒂》差不多同时开始写作的还有《斯巴达克》（1770），但没有写完，只留下

《智者纳旦》剧照

片段。这两部剧作在内容和形式上都有密切关系。莱辛把奴隶起义的首领当作剧中主人公，表现了作者反封建反专制的战斗精神。两部剧作都完全克服了法国古典主义模式，但又没有抛掉古典戏剧的基本原则。

莱辛一生既反对世俗的封建统治，也反对基督教的正统派。《智者纳旦》是他同正统派斗争的产物。剧本描写"圣殿骑士"在十字军东征中被伊斯兰教的苏丹萨拉丁俘虏，因他长得像萨拉丁的哥哥才予以释放。"圣殿骑士"救出了犹太商人纳旦的养女蕾霞，并爱上了她。经过一番曲折，最后弄清，"圣殿骑士"与蕾霞本是兄妹，都是萨拉丁哥哥的孩子。它说明三个大宗教同出一源。这一主题是启蒙运动时期的"宽容论"的主要内容，反映人类的大同理想。

戏剧理论　莱辛没有系统的戏剧理论专著，他写的都是评论，但在评论中包含了重要的理论观点，《新文学通信》和《汉堡剧评》都是这样的作品。

《新文学通信》名义主编是尼科莱，实际负责人是莱辛。莱辛在

这个刊物上以书信体的形式发表了一系列评论当代文学的文章，其中最重要的是第 17 封信，它的内容基本上包括了莱辛戏剧理论的主要观点：①创立与本民族历史和现实紧密结合的民族文学、民族戏剧是当务之急；②德国的民族戏剧不应以法国古典主义戏剧为模式，而应以 W. 莎士比亚和英国戏剧为榜样，同时还须吸收自己的民族传统。

《汉堡剧评》是汉堡民族剧院的院刊，每周出两次。莱辛将其在《汉堡剧评》上发表的 104 篇评论，编辑成书出版。提出的理论观点有：①戏剧应当通过情节的安排和人物的塑造起教育作用。悲剧的作用是引起观众对主人公命运的怜悯和恐惧，从而促使观众得到"净化"，避免遭受同样的命运，不犯类似的过错。观众可以而且应当与剧中人物相等同，因而戏剧必须真实，剧中人物要像生活中的人一样，既不是绝对的好人，也不是彻头彻尾的坏蛋。②法国古典主义者歪曲了亚里士多德的学说。亚里士多德从来没有主张过"三一律"，而只是强调情节必须统一。因为情节是戏剧的生命，时间和地点从属于情节。悲剧与喜剧不能按照剧中人物的社会地位划分，所有的人都可以成为悲剧或喜剧的主人公。③不同意狄德罗关于剧中人的性格只要表现他所属等级的特征就够了的观点，认为人物必须有个性，人物的性格必须是一般与个别的统一。

莱辛的戏剧理论以亚里士多德的学说为依据。他批评拉辛、高乃依，认为他们误解和曲解了亚里士多德；他赞成莎士比亚，认为莎士比亚从本质上实现了亚里士多德的主张。莱辛已经看到古典主义戏剧不再适合新时代的要求，并已认识到莎士比亚对现代戏剧的巨大意义。

荷尔德林

德国诗人。生于内卡尔河畔的劳芬，卒于蒂宾根。父亲是修道院总管。3 岁时父亲去世，4 岁时母亲改嫁。先后在登肯多尔夫、毛尔布龙修道院学校学习。1788 年进蒂宾根神学院，曾阅读柏拉图、索福克勒斯、莎士比亚等人的作品，研究卢梭、斯宾诺莎、莱布尼茨、康德等人的哲学思想。他最喜爱的作家是卢梭。1789 年的法国大革命激发了他和同学们的热情，曾组织诗社，写诗歌颂人权，并同好友谢林、黑格尔一起种下了一棵自由树。1793 年于神学院毕业，他不愿当牧师，经席勒介绍，去瓦尔特斯豪森当家庭教师。1794 年去耶拿，曾多次访问席勒，并听费希特讲课。次年回到尼尔廷根。1796 年初到法兰克福银行家贡塔尔德家当教师。在此后两年多的时间内，与女主人苏赛特·贡塔尔德之间产生爱情，完成长篇小说《许佩里翁，或希腊的隐士》，小说和诗中狄奥提马的原型就是女主人苏赛特。1798 年与贡塔尔德发生争吵，被迫离开法兰克福，住在附近的洪堡，试图创办期刊《伊杜娜》（日耳曼神话中的青春女神），并创作悲剧《恩培多克勒之死》。1801 年初去瑞士的豪普特维尔，第 3 次做家庭教师，不久回到尼尔廷根。在这期间创作了一些挽歌和赞歌。同年去法国的波尔多做家庭教师。1802 年回到斯图加特，精神失常。他翻译的索福克勒斯的作品于 1804 年出版。同年友人辛克莱接他去洪堡从事图书馆工作。1806 年进蒂宾根精神病院医治。后期住在木工齐默尔的家里。诗人施瓦普、乌兰德和凯尔纳于 1826 年出版了他的诗集。

他逝世后一度被人遗忘，半个多世纪后又声名鹊起，此后一直被视为欧洲文学史上最伟大的作家之一。荷尔德林是一个为理念而存在的作家，特别关注具体的生活现实与他的不可企及的理想之间的距离，在作品中尽力表现这一不可调和的矛盾。他的作品洋溢着追求自由、美和对青春活力的向往，表现出要求消除各种界限、实现自由的渴望，而当这种渴望和向往达不到时，便流露出深切的哀伤。他也是古希腊文化的狂热崇拜者，德国的希腊崇拜热与他有很大的关系。另一方面，他又经常为古希腊文化的消亡黯然神伤。这一切在他的著名诗篇《希腊》里得到了详尽的叙

述。他崇拜古希腊的原因在于，他认为在古希腊，美与理性、人类个体与人类整体相互和谐，并不矛盾。

《许佩里翁，或希腊的隐士》是荷尔德林的一部书信体小说（2卷，1797—1799）。初稿片段曾在1794年登载于席勒主编的《新塔莉亚》上。小说有强烈的抒情色彩，许佩里翁是一个希腊青年，生长在18世纪土耳其统治下的希腊，每当回忆起古代雅典的光荣，他就为祖国被侵略的耻辱而忧伤。他渴望与大自然融合，但感到对倏忽即逝的人们来说，不可能做到与一切生命之源的自然永久结合。他认识了狄奥提马，恢复了信心，并参加1770年反对土耳其的解放战争。在战争中看到士兵的抢劫烧杀行为，使他大为震惊，后来狄奥提马又不幸死去。他变得孤独、悲伤。在悼念她时，忽然听到她的声音，使他重又得到宁静。他意识到人类本性的不完善，以及现实的可悲，最后只有走上隐居之途，过着与世隔绝的生活。狄奥提马（即苏赛特）体现了荷尔德林对美的理想。小说第2卷有著名的《许佩里翁的命运歌》和

最后第2封信中对德意志民族的批判。他未完成的悲剧《恩培多克勒之死》有3种残稿（1796—1800），写公元前5世纪哲学家恩培多克勒投身埃特纳火山口的传说。恩培多克勒被驱逐出境，他的弟子揭露了祭司们的罪恶。市民召他回来，要把王冠献给他。他拒不接受，要投身火山口，以说明只有毁弃旧事物，才能使新事物诞生；只有通过革命，才能使民族和人类重生。第2、第3稿残存无几，或虽有提纲，未曾写出。第3稿的构思变动很大，作者放弃了恩培多克勒个人的悲剧罪责，指出他的自我牺牲是历史矛盾在他身上的体现，并预示着矛盾的解决，使悲剧带上神话色彩。关于《恩培多克勒之死》的哲学思想，他曾在洪堡时期写过《恩培多克勒的基础》一文。荷尔德林翻译的索福克勒斯的两部悲剧《俄狄浦斯王》和《安提戈涅》的译本获得很高评价，并被搬上舞台。席勒认为荷尔德林的诗过于内向、主观。19世纪的评论家仍停留在席勒的评价上。20世纪初他的很多重要遗稿被发现。同时，时代的剧烈变

动使人们对他的诗作有了越来越深刻的认识，直到现代，其诗作对人们的思想和感情还在产生着影响。他的作品语言新鲜、自然、真纯、简洁，诗中的比喻形象、含蓄，令人深思。早期（蒂宾根时期）的诗受席勒的影响，以有韵的八行诗节为主。他对未来社会的歌颂，对现实社会的不满，以及他的哲学思想的不妥协性，是后期小说、悲剧和诗歌的重要主题。荷尔德林的诗，有古典颂歌体诗（"哦德体"）、挽歌体诗和自由节奏诗。他的颂歌体诗使用两种格律：阿尔凯奥斯诗律和阿斯克莱庇阿得斯诗律。这两种格律有人比之于音乐的大调与小调之分。阿尔凯奥斯诗律如《致命运女神》；阿斯克莱庇阿得斯诗律如《海得尔堡》。荷尔德林颂歌体诗中的德语与古典诗律结合成浑然一体。它们兼有形式节奏的完美性和思想感情的深刻性。他1800年后创作的挽歌体诗和自由节奏诗有着令人神往的美。这些瑰丽的无韵诗篇以诗句的节奏为特色。挽歌是按照古典格律以双行诗句构成的长诗，音调和谐，格律严谨。如《梅农为狄奥提马而哀叹》《漫游者》《返回家乡》《斯图加特》《面包和葡萄酒》等以及六音步诗（荷马史诗格律）《爱琴海群岛》。

晚期的自由节奏诗表达了诗人对德意志民族和人类历史的关怀和信念，被称为"祖国赞歌"。他以希腊文化为典范，憧憬着古代神与人的交往。后又由怀念日耳曼的过去转向民族的未来。他在诗篇中把基督塑造为古代英雄和天神的最后一个伟大形象，预言民族与社会的得救，自然与艺术的交融。因而有人把这部作品比喻为崇高的交响音乐。"祖国赞歌"包括《和平的节日》《给大地母亲》《在多瑙河源头》《漫游》《莱茵河》《独一无二的一个》《帕特莫斯》《怀念》《伊斯特尔》《记忆》。研究者不断在探

《和平的节日》手稿

131

讨这些诗篇的意义，认为它们是荷尔德林创作的顶峰。

卡夫卡

奥地利小说家。生于布拉格的一个犹太家庭，卒于维也纳。父亲是百货批发商，父子关系始终不和谐。1901年进入布拉格德语大学学习文学，后转修法律，1906年取得法学博士学位。实习一年后，自1908年起在布拉格一家工伤保险公司任职。同年发表短篇小说集《观察》。1912年写出短篇小说成名作《判决》和《变形记》，从此写作一发不可收。先后与两位姑娘订婚三次，三次解约。与青年女记者密伦娜热恋数月后也分了手。最后与一位名叫多拉·荻茫的姑娘在柏林同居。1917年患肺结核，1922年因病情加重辞去保险公司职务。最后因患喉结核病逝。

卡夫卡在中学时期对自然主义戏剧和易卜生、斯宾诺莎、尼采、达尔文等人的著作发生兴趣。大学期间常与布拉格的一些作家来往，结交了马克斯·布罗德，并在布罗德的影响下开始创作。曾先后与布罗德夫妇游历意大利、法国、瑞士和德国等地。不久接触到丹麦哲学家、存在主义先驱克尔凯郭尔的哲学著作，思想和创作与之产生共鸣。他对中国的老庄哲学也有浓厚兴趣，并在创作中有所反映。曾经常在布拉格的文学圈子里朗诵自己的作品，与表现主义活动家韦尔弗经常来往。但他不喜欢主动发表自己的作品，往往需要布罗德的"强求硬讨"才肯交出稿件。他的文学成就是小说。有代表性的三部长篇小说《失踪者》（一译《美国》，1912—1914）、《诉讼》（一译《审判》，1914—1915）、《城堡》（1922），均未写完。主要短篇小说有《判决》（1912）、《变形记》（1912）、《司炉》（1913，后成为《失踪者》的第1章）、《在流刑营》（1914）、《乡村医生》（1917）、《为科学院写的一份报告》（1917）、《猎人格拉克斯》（1917）、《中国长

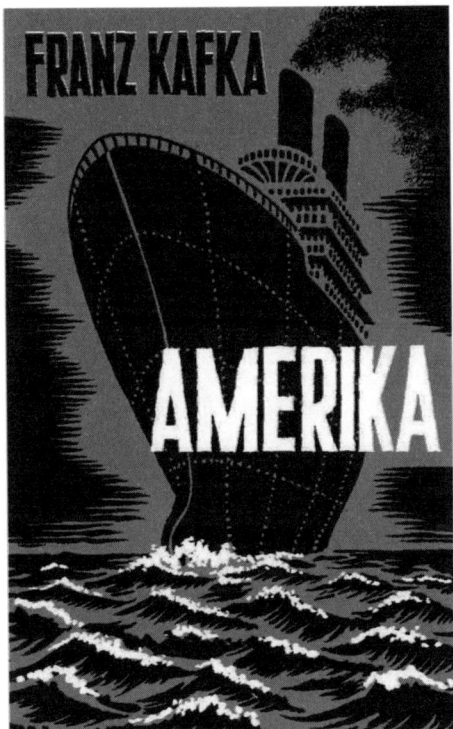
《美国》封面

城建造时》(1918—1919)、《饥饿艺术家》(1922)、《地洞》(1923—1924)等。他留下的大量书信、日记和随笔、箴言也很有文学、文献价值，尤其是《致密伦娜书简》、《致父亲的信》(1919)等广受称道。作者生前发表过的作品只有4个薄薄的小册子。曾要求布罗德在他死后把所有的作品"毫无例外地予以焚毁"，但布罗德并未这样做，而是整理出版了他的所有著作，包括书信和日记，主编了《卡夫卡全集》9卷本。1994年由帕斯莱、诺伊曼等5位教授重编的"校勘本"有12卷，外加书信集5卷。

卡夫卡是个思想丰富又玄奥的作家，对他的作品可作多层面解读，三部长篇小说尤为突出。小说《失踪者》通过16岁的少年卡尔·罗斯曼在美国的遭遇，展示资本主义社会贫富悬殊、劳资对立与资产阶级党派斗争的场面，以及都市一隅社会渣滓的活动情景。作品反映的是他虚构的带有普遍性的资本主义世界。在这背景上人们看到了一个小人物，或者说一个孤独者在陌生的环境里被抛掷、被践踏的命运。小说基本上采用传统的叙事手法，作者自称是"对狄更斯的直接模仿"。《诉讼》是卡夫卡独特的艺术方法形成的标志，它写一个公民无端遭到逮捕和处决，揭露了带有封建专制特征的资本主义社会司法制度的腐败及其对人的生存构成的威胁。但从形而上的意义上说，每个人都是有罪的，经过一番精神威胁和震动，他的罪恶意识便会醒悟。《城堡》突出体现了他的创作特色。主人公K踏雪去城堡（官府）要求批准在附近的村子里落户。城堡就在眼前，但历尽艰辛始终不能进入。小说没有写完，据布罗德回忆，卡夫卡原定的结局是 K 将"奋斗至精疲力竭而死"，临终时，城堡才批准他的要求。这个城堡是整个国家统治机器的缩影，又是犹太人寻求自己家园的寓言，或者是人想接近上帝而不可能的譬喻，或是真理不可寻求的精神迷宫！

卡夫卡笔下的主人公几乎都是小资产阶级及其知识分子，是他们之中受欺压、受凌辱的弱者。这些小人物勤勤恳恳工作，却得不到应有的报偿；他们对社会愤愤不平，但又无力反抗。他们孤独、苦闷、恐惧、自疚。但这些人物的内心却都有一颗"不可摧毁的"内核，都有一种不甘屈服于命运的"犟劲儿"，一种西叙福斯式的悲剧性的抗争精神，因此他们都是些"失败的英雄"。卡夫卡是一位具有人类良知和

强烈现代意识的作家。他曾慨叹：想把世界"重新审察"一遍，却留下"来不及"的遗憾。因为他洞察到人类文明进程中的悖谬现象，觉察到现代社会日甚一日的"异化"趋势。正是这种焦虑情绪成为他业余坚持写作的动力。他通过形象语言所表达的现代人那种障碍重重的"黏滞"处境；那种危机重重的惊恐情状；那种"围着圆周奔跑"的无效努力；那种无法接受的陌生环境……正是哲学家特别是存在主义

卡夫卡所作的素描画

134

哲学家们用抽象语言阐明的一切。他生活在西方现代文艺流派此起彼伏的时期。他虽很难归属哪个具体的流派，但他创造了一种独特的艺术语言，使他的创作与20世纪初开始广为流行的"表现论"美学思潮相呼应，并与他所要表现的幻想世界相契合。通过奇特的构思勾勒出夸张怪诞的画面，把现实与非现实、合理与悖理、常人与非人并列在一起；在荒诞的框架下进行细节的真实描绘；使用象征或譬喻的手法表达某些"不可言传的东西"；将自己的经历和感受融入作品之中使其更具真实的魅力而又有别于单纯的自传。笔调冷峻，文字简洁，不事修饰；作品不点明时间、地点和社会背景，穿插的故事和场面游离于情节之外，有时记录瞬间的直觉和梦幻，使画面显得支离破碎；主题晦涩不明。这种有别于传统的现实主义的写作方法在不同程度上为众多的现代流派所仿效，甚至加以发展。因而卡夫卡被视为现代主义文学的鼻祖。对卡夫卡作品的评价和作品寓意的阐释，在研究者中不无争议。